社 会
企业家精神

建立新生态的
灵魂高地

SOCIAL
ENTREPRENEURSHIP

王梓木 姜岚昕◎著

中华工商联合出版社

图书在版编目（CIP）数据

社会企业家精神：建立新生态的灵魂高地 / 王梓木，姜岚昕著 . -- 北京：中华工商联合出版社，2019.11

ISBN 978-7-5158-2609-7

Ⅰ . ①社… Ⅱ . ①王… ②姜… Ⅲ . ①企业家－企业精神－研究－中国

Ⅳ . ① F279.23

中国版本图书馆 CIP 数据核字 (2019) 第 229436 号

社会企业家精神：建立新生态的灵魂高地

作　　者：王梓木　姜岚昕
责任编辑：于建廷　王　欢
项目支持：原　煜　关　勇　姜静文
责任审读：付德华
营销总监：姜　越　闫丽丽
营销企划：阎　晶　徐　涛　王赫然
销售推广：赵玉麟　王　静
版权推广：袁一鸣　吴建新
封面设计：水玉银文化
责任印制：陈德松
出　　版：中华工商联合出版社有限责任公司
发　　行：中华工商联合出版社有限责任公司
印　　刷：盛大（天津）印刷有限公司
版　　次：2020 年 1 月第 1 版
印　　次：2024 年 1 月第 2 次印刷
开　　本：710mm×1000 mm　1/16
字　　数：200 千字
印　　张：15.75
书　　号：ISBN 978-7-5158-2609-7
定　　价：69.80 元

服务热线：010-58301130
销售热线：010-58302813　010-58302978
地址邮编：北京市西城区西环广场 A 座
　　　　　19-20 层，100044
Http：//www.chgslcbs.cn
E-mail：cicap1202@sina.com（营销中心）
E-mail：y9001@163.com（第七编辑室）

追求社会价值是
新时代企业家精神的特征

基业长青是企业家们追求的永恒目标，至于如何做到这一点，或许理解不同，但是大道三千，殊途同归。我认为，企业要做到基业长青，应当依道而行，因势而变。所谓"道"，即企业存在的根本，决定企业长远发展的规律。所谓"势"，即市场环境的变化，引发企业的战略调整，变则通。纵观企业发展之道，我认为，当今追求企业社会价值最大化才是新时代企业发展的成功之道，也是新时代企业家精神的一个主要特征。

令人瞩目的中国改革开放40多年来，几代企业家伴随着中华民族伟大复兴的步伐，开拓创新、砥砺前行，为促进经济持续健康发展与社会和谐稳定做出了重大的贡献。习近平总书记在党的十九大报告中指出："中国特色社会主义进入了新时代"，这是对我国发展新的历史方位的科学判断。作为新时代的企业家，我们理应肩负更崇高的历史使命，承担更大的社会责任，同时培养和塑造新时代的企业家精神。

一、新时代的企业家应当追求企业社会价值最大化

1. 社会企业、社会企业家和企业社会价值

企业家的社会职责不仅是创造社会财富，还要推动社会进步。企业家通过创利来增加社会财富，通过创新和承担社会责任来推动社会进步。不创利的企业家是浪费社会资源，是自身能力的一种缺失。创新是企业家的天然使命，管理学大师德鲁克认为，"创新是企业家的灵魂"，不创新的企业家不能称之为真正的企业家。在此基础上，我认为，承担社会责任、追求社会价值应当成为新时代企业家精神的核心理念，这也是社会企业家与传统商业企业家的区别所在。

曾经，诺贝尔经济学奖得主米尔顿·弗里德曼在 1970 年写道："企业有且只有一种社会责任。那就是从事旨在提高企业利润的活动。"企业当然必须遵守法律。但除此之外，它们的本职工作就是为股东赚钱。随着这一理论的不断深入与应用，1997 年，颇具影响力的商业圆桌会议（Business Roundtable，简称 BRT），一个由近 200 家美国最著名公司的首席执行官组成的协会，在一份正式的企业使命宣言中庄严阐述了这一理念。该组织宣称："管理层和董事会的首要职责是对企业股东负责，其他利益相关者的利益是企业对股东责任的派生物。"

20 多年来，商业圆桌会议一直明确地奉行股东至上的原则。然而，在当今经济不平等加剧、对企业不信任感加深的氛围下，这个群体已经重新定义了自身

的使命。

2019 年 8 月 20 日，美国商业圆桌会议发表"企业宗旨声明"，放弃长期以来坚持的"股东利益至上"原则，强调企业的社会责任，包括为员工提供公平薪金和重要福利、支持社区、保护环境等。这份由 181 家企业行政总裁签署的声明称，美国企业有责任提供利益给所有相关者，包括客户、雇员、供应商、社区等，而不仅是投资者（股东）。

商业圆桌会议新订的"企业宗旨声明"的签署者包括，科技巨头苹果和亚马逊、全球最大航空公司美国航空公司、美国银行业龙头摩根大通集团、大型零售商沃尔玛、饮品公司百事等企业的 CEO。

虽然这份声明在很大程度上仅具有象征意义，但仍然具有很大的影响力，一反约 30 年来认为企业是为股东而存在的观点，还放弃了企业优先为股东创造最大利益的原则。对于这种存在已久的股东优先信条，拥护者认为是提高了资本的社会回报，但批评者则指其加深了不平等和其他社会弊病。此次美国企业巨头表示放弃"股东利益至上"信条，不仅是企业管理原则上的重大改变，还是企业经营哲学的重大调整。

"社会企业"是以财务上可持续的方式追求某种社会目标的企业，其主要特征有：一是以满足人们的共同利益为出发点；二是在企业发展的进程中，主动追求企业社会价值的最大化，而不仅是以商业价值为目的；三是企业以推动社会进步为宗旨，利用商业的方法和规则以及市场的力量来推进社会、环境和人类的共同进步。那么，什么是"社会企业家"呢？只要其所领导的企业具有以上几个特质，这样的企业家就可以称之为"社会企业家"。社会企业家是一个共生共荣的社会群体，他们拥有共同的价值理念、信仰与追求，共同借助商业的力量去实现企业的社会价值。

社会企业的根本特征是追求企业社会价值的最大化，那么，何为企业"社会价值"？在我看来，社会价值主张应当具有三大特点：一是关注人与人、人与社会、人与自然的命运共同体。二是探索以新视角、新路径、新产品实现公平与效率同步提升，企业的社会价值与创新发展紧密相连。三是企业的社会价值应优先体现在其主业上，而不仅仅是做了多少好事或公益活动，即社会价值包括但不限于企业的公益活动和社会责任。

2. 新时代的企业家精神应当将承担社会责任和推动社会进步放在首位

盈利是企业存在的本分和初心，套利是企业家的社会功能。一个不会赚钱的企业不是一个好企业，但一个只会赚钱的企业也不是一个优秀的企业。在当今新的商业文明时代，优秀企业应当主动追求企业社会价值的最大化，而不只是商业价值的最大化即利润最大化。社会价值体现在许多方面，代表一个企业对全社会的贡献度。从企业的成长史来看，企业的商业价值和社会价值始终存在，好的商业企业必定是伴随和推动社会的进步，有意识地去把握企业的社会价值和不断产生新的追求。同样，企业家的眼中也不能没有社会价值，社会价值与使命感息息相通。

"不忘初心，牢记使命"，不仅是新时代企业家的座右铭，也表现出新一代企业家的成长历程。企业不能没有商业价值，否则无法生存；但在追求商业价值的基础上向社会价值转变，是企业家精神的进步和企业内涵的升华，也是我们这一代企业家的历史责任。

新时代的企业家精神应当将承担社会责任和推动社会进步放在首位，并且不断赋予社会责任以广泛和新鲜的内容，当今包括提供就业机会、开发创业平台、拥抱科技革命、推动节能环保、促进环境友好、拓展绿色金融、大力扶贫济困、实现各类人群的平等发展与社会共同进步等。2018 年 2 月，我亲笔起草并在亚布力中国企业家论坛年会上发起了《社会企业家倡议书》，对上述八个方面做出了具体阐述。亚布力论坛的诸多理事和著名企业家都亲笔签名作为倡议书的共同发起人,号召更多的企业家成为社会企业家。

二、社会企业在全球的演进

1. 社会企业的起源

"社会企业"这个词语的出现,源于世界各地有许多组织开始利用商业的力量来追求社会和环境的改变,并在20世纪90年代中期开始被广泛使用。英国是最早倡导社会企业的国家,也是目前公认的社会企业最为发达的国家。早期社会企业具有明显的公益色彩。政府数据表明,英国有7万家社会企业,为经济贡献240亿英镑,雇用了近100万员工。英国于2002年成立社会企业联盟,它不仅是面向社会企业的全国性机构,而且致力于向政府提出政策建议,参与英国《社会价值法案》的起草。自2005年起,已有超过13000家社区利益公司成立。如今,社会企业及社会投资在英国蔚然成风,成为英国政府促进经济发展,解决社会顽疾,建立公正、包容、可持续性社会的有力途径,其影响力辐射全球。

不难发现,早期的社会企业主要着眼于社区企业,而我们现在所讲的社会企业已经远超上述范畴,涵盖了各种类型的社会大企业。尤其是近年来兴起的新型互联网企业,都可称为社会企业,其存在方式决定了其对社会价值的普遍追求。

2. 社会企业在中国尚处于起步阶段

对于我国来说,社会企业还是一个新鲜事物,社会企业家的概念也是在近几年才被少部分人所了解,不论从理论、法律,还是实践上来看,这一领域在我国都处于起步阶段。鉴于国内接触和理解社会企业家理念的人尚属少数，如何使其成为多数企业家认可的价值理念，就成为我们这些早期倡导者的使命，在自觉的基础上，还要"觉他"。

2015 年，全球社会企业家联盟在我国举办了第一届"全球社会企业家生态论坛"。至 2018 年，该论坛已举办四届，先后邀请了联合国前秘书长安南先生、法国前总理萨科齐先生、德国前总统武尔夫先生、全球著名投资家罗杰斯先生出席并担任演讲嘉宾。2018 年，还聘请了澳大利亚前总理陆克文先生担任全球社会企业家联盟的名誉主席。我受邀出席了第三届、第四届全球社会企业家生态论坛，并被聘为全球社会企业家生态联盟联席主席。2018 年，我又被聘为当届轮值主席。关于社会企业，我的职责在于大力宣传、倡导和分享社会企业、企业社会价值的理念，我的贡献在于将社会企业家从情怀上升到理性的认知。

3. 前联合国秘书长安南关于社会企业的观点

前联合国秘书长安南出席 2015 年在北京举办的第一届全球社会企业家生态论坛时提出："商业不可能在一个失败的社会中取得成功。也就是说，要用长远的眼光看待商业的发展和股东的利益，从而得到长远、可持续性的发展方案。这需要各企业主动思考周围的社会利益。企业利益和社会利益相结合才能实现双赢，这需要企业界的全心投入和共同努力，志向高远的企业往往会从长远的利益看问题，明白他们这样做不仅仅是利他，也不仅仅是为了慈善，他们知道行善本身就对企业有利。纵观全球，90% 以上的中小企业正在承担这一社会责任，他们不断创新，提供工作岗位，推动可持续性和包容性的经济发展。中国企业已经同世界许多国家和地区建立合作伙伴关系，我们需要借鉴、学习和推广这些成功的举措。提高人民收入，帮助人们摆脱贫困，其实就是在为自己的产品和服务建立消费群体。"这是迄今为止我所见到的关于社会企业精神最精辟的论述、最深刻的提示，也是最明确的指引。

4.追求广泛的社会价值应当并且正在成为新时代企业家精神的鲜明特征

现代社会的企业发展，已经不是简单地着眼于经济利益的获得，而是推动社会进步所需的一切价值创造。在这一价值创造中，更加长远和根本的利益成为一种自然回馈。由此可见，追求广泛的社会价值应当并且正在成为新时代企业家精神的鲜明特征。

人们愈来愈注意到，优秀企业家大多富有社会责任感，都在潜移默化中践行社会价值的理念。随着企业的成长和社会的进步，中国企业家精神也在不断地丰富与升华。从社会企业家的心智模式看，追逐利润源自一些企业家内心的贪婪，因生产带来的环境资源的破坏进而导致发展受阻又给企业家带来心理的恐惧，基于同情心的慈善行为和同理心的共同发展理念构成了企业家的精神归宿。

5.社会影响力投资在国内外的发展

在海外，有一类投资被称为社会影响力投资，它以社会价值为目标，以承担社会责任为宗旨，同时也是基于企业长远价值的投资。社会影响力投资让过去泾渭分明的"公益部门"和"私益部门"实现了跨界合作，共同用商业途径和杠杆原理来解决公益难题，同时满足了私益部门的逐利要求，因此被称为"公益"与"私益"的和解地带。据美国沃顿商学院的资料介绍，截至2015年底，全球共有23万亿美元的影响力投资，这其中美国占了三分之一约8万亿美元，而8万亿美元几乎占美国全国管理资产总额的20%。

2012年，英国社会企业家联盟推动了英国"大社会资本"的启动，建立了世界上第一家社会投资银行，帮助社会企业寻求各类金融机构的投资。英国还出现了社会影响力债券，投资者通过它向社会企业投入资金，支持和帮助政府改善社会的预期目标。如果预期目标达到，由政府向投资者退还本金和利息，如果没有达到，投资者便只当尽了社会责任和义务。2013 年 6 月，伦敦证券交易所推出全球第一个"社会证券交易所"，国家可再生能源、医疗保健、净化水、可持续交通、教育等领域的社会企业在此挂牌上市。

在我国，影响力投资尚处于萌芽和刚刚兴起的阶段，绿色产业、绿色金融（包括绿色保险、绿色证券、赤道银行）等都可以算作是影响力投资，但是发展相对较快。有数据显示，2018 年末，金融机构绿色信贷余额突破 9 万亿元，绿色债券（境内外合计）发行 2676 亿元，绿色基金 428 只（其中新设立 178 只），其中绿色产业投资基金 385 只，占比达到 90%。绿色信贷依然占绿色融资的 90%。可喜的是，绿色贷款的不良率远低于同期各项贷款整体不良率。

影响力投资确定各种公益目标，但采取商业手段来达成，注重影响力投资的企业，往往是那些具有远见卓识的企业。在我看来，影响力投资不仅具有社会价值，并且具有很深厚的商业价值，它实现企业的远期利润和品牌效益，使企业被更多的人民大众所信赖，从而走向更大的成功。

据统计，美国一些影响力投资基金的夏普指数甚至优于巴菲特投资收益水平；国内近年来也开始出现了类似的研究。2017 年，社会价值投资联盟（深圳）发布 A 股上市公司社会价值"义利 99"排行榜。它以"上市公司社会价值评估模型"为工具，以沪深 300 成分股为对象，以经济、社会和环境综合效益为内容，选出价值量化得分居前 99 位的 A 股上市公司。通过对标分析发现，"义利 99"企业既在客户价值、员工权益、安全运营、伙伴关系、公益投入等方面提升了社会福祉，也在环境管理、绿色发展和污染防控方面促进了生态保护。此外，与沪深 300 相比，"义利 99"企业在盈利能力、运营效率、偿债能力、成长能力和财务贡献等方面表现更佳。2013 年 12 月至 2018 年 11 月，"义利 99"指数累计涨幅 89%，持续领先且远高于沪深 300（涨幅 36%）、上证综指（22%）等市场指数，同时现金分红比例也高于沪深 300。这说明 A 股市场投资方青睐义利并举的投资标的，投资者用货币选票支持社会价值的创造者，并与社会价值的创造者分享成长红利，可谓"义利并举，名利双收；义字当头，利在其中"。

三、在中国提倡社会企业家精神正逢其时

1. 弘扬社会企业家精神是新时代的要求

2017 年，"企业家精神"和"工匠精神"双双被写入政府工作报告。9 月 8 日，中共中央、国务院下发《关于营造企业家健康成长环境弘扬优秀企业家精神更好发挥企业家作用的意见》（下称《意见》），这是中央首次以专门文件明确企业家精神的地位和价值。《意见》从营造依法保护企业家合法权益的法治环境、营造促进企业家公平竞争诚信经营的市场环境、加强党对企业家队伍建设的领导等十个方面提出了 29 条具体措施。除了政府提供的法制环境之外，企业家有责任共创自己的社会生态环境。而在这一创造过程中，提倡社会企业家精神正逢其时。

2. 商业价值会在追求社会价值的过程中不期而遇

在互联网、大数据、人工智能、区块链等新技术革命到来的时期，企业家面临着前所未有的挑战，这其中也蕴含着极大的社会商机，产品和服务的潜在社会价值凸显。那些曾被短期市场导向的企业视为不利的因素，对社会企业或许是一种新的成长机遇。追求企业社会价值的最大化不仅是企业精神文明的进步，也是科技和生产力发展到新时代的要求。着眼于社会价值，商业价值往往不期而遇。这个时候，对企业社会价值的判断与发掘成为投资成败的关键。习近平总书记曾

在讲话中谈到，"绿水青山就是金山银山"，其中绿水青山指的就是社会价值，打造绿水青山的同时也能实现金山银山这样的商业价值。

同样，互联网企业所推崇的用户价值其实就是社会价值，而客户价值就是商业价值。美国亚马逊公司自成立起亏损时间长达 20 年，近几年才刚刚实现盈利，但是它却为人们提供了崭新的服务方式，创造了巨大的社会价值，资本市场也给予其很高的估值，2018 年其市值一度超过 1 万亿美元。腾讯公司的利润远不及中国移动，但其市值为中国移动的近两倍，类似的案例不胜枚举。

在社会价值创造中，更加长远和根本的利益成为一种自然回馈。只考虑短期商业利益，忽视长远社会价值创造，企业经营就会"跑偏"，背离新时代企业发展的趋势，最终失信于公众，引发诚信与道德危机，得不偿失。

以我所从事的保险业为例，我一直倡导，保险企业应当成为最具社会价值和社会责任的企业。保险企业的公众性和公益性决定其具有社会价值的天然禀赋。保险企业的社会价值主要体现在为全社会提供风险保障，即"保险姓保"，这是保险企业的生存之道和发展之道。保险的核心功能不是使人们的生活更美好，而是使人们的生活更安宁。结合新时期我国社会的主要矛盾，保险企业应该在满足人们追求美好生活的过程中，为社会的"平衡发展"做出更大贡献，这也正是保险企业的社会价值所在。我们华泰保险公司的使命就是"使人们的生活品质不被风险所改变"。

新科技时代的到来，一方面为保险企业赋能，提高保险企业的效率和改善客户体验；另一方面也给保险企业提出巨大的挑战，考验保险企业的传统商业模式。保险企业社会价值的实现途径与方式面临改变，进入了升级版，但保险企业追求社会价值的"根"依然存在。保险不是投资挣大钱、挣快钱的行业，它服务于人民大众，天然具有社会公益色彩，更适合影响力投资。近年来，保险资金运用在服务国家战略和实体经济方面持续发力。最新数据显示，截至 2018 年，保险业为全社会提供风险保障金额共计 6897 万亿元，同比增长 66.2%。保险自己通过各类资管产品，支持"一带一路"倡议的投资达 9612 亿元，服务长江经济带和京津冀协同发展投资分别达 4228 亿元和 1717 亿元，充分发挥保险资金规模大、投资期限长、成本相对较低的属性，通过股权计划、债权计划，大力服务实体经济。与此同时，保险企业通过多种方式推动"普惠金融"，发挥商业保险优势，直面民生难题，从解决社会管理痛点出发，积极参与社会公共服务体系建设。植根于人民，服务百姓，做好主业，保障民生，增强人民群众的安全感，是保险企业最基本的社会责任，更是保险企业社会价值的重要体现。

根还在，业不倒；根愈深，叶愈茂。新出版的 IBM 最新商业价值报告《传统企业逆袭》一书中提到，"赢者通吃型"企业在不断增加，传统企业的协作式生态系统同样日渐盛行，不断重新定义未来。马化腾曾说，互联网的下半场是产业互联网。传统企业逆袭，不仅是因势而变，更是依道而行，颠覆者正在变为赋能者。传统企业的"道"即是其本质功能和社会价值所在，"势"则表现为在此基础上的创新与协作。通过大数据应用，传统的保险企业也能实现精准营销，但保险的大数法则依然存在；区块链技术的应用实现了保险去中介化，但还不能完全去中心，产品仍由保险公司这个"中心"来提供。

3. 社会企业家群体将成为新时代推动社会发展的强大动力

我们欣喜地看到，中国正在有越来越多的社会企业家涌现出来，主动承担各种社会责任，走在时代的前列。对于他们创办的企业而言，做任何一项事业，首先想到的是通过企业的产品、服务以及公益事业为社会创造更大的社会价值。追求企业社会价值，正在从少数企业家的认知，变成多数企业家的自觉。

深圳华大基因董事长汪健提出企业发展的商业模式就是"为人民服务"，在他看来，"只要为人民服好务，人民币自然就会为企业服务"。而华为提出要"做世界级企业，为全人类服务"，任正非最近接受媒体采访时谈及，"我们的理想不是为了赚钱，也不是为了消灭别人，而是为全人类服务"，这种理念已经超越了民族主义、国家主义，主张全球合作和人类社会共同成长，这也是社会企业家的最高境界。德龙集团董事局主席丁立国创办的德龙钢铁公司，于过去6年间耗资数亿元实施50多项环保深度治理，邢台德龙钢铁文化园于2017年被评定为国家3A级旅游景区，改变了人们对钢铁厂重污染、环境差的传统认知。收藏家马未都表示，早期下海是为了赚钱，后来是为了出名，现在提出要将全部收藏一件不留地捐献给国家，他说自己已经到了"安放灵魂"的阶段。前半生做企业创造财富，后半生做慈善贡献财富。财富取自社会，还要以适当的方式还给社会，取之有道，还之有理。

我创建的华泰保险公司，在过去20多年的发展历程中，始终高度重视企业社会责任，通过多种方式实现企业的社会价值。包括支持"一带一路"倡议、服务国家重点项目建设、支持"双创"等。2008年伊始，华泰从国外引入EA专属代理人经营模式，至今已在全国近200个城市设立了5000余家EA门店，不仅给华泰带来了商业价值，也非常好地体现了社会价值。EA一方面助力"双创"，使5000多名优秀店主通过开设EA门店走上创业道路，同时提供了上万个就业岗位；另一方面深入社区，提供便捷贴心的保险惠民服务。此外，华泰还于2011年成立华泰博爱基金，每年将公司盈利的1%拿出来，专门用于扶贫济困，为弱势群体雪中送炭。华泰保险于2014年发起的"小小铅笔"爱心助学活动更是走过国内多个省市自治区，为30余所乡村贫困学校的学生送去教学物资和心灵关爱。

所有这些都让我们有理由相信，社会企业家作为社会价值的创造者，必将成为推动中国社会进步的一股强大力量。为此，我们倡导更多的企业家加入社会企业家行列，创造社会价值，推动社会进步，搭建创业平台，提供就业岗位，支持影响力投资，将追求社会价值与承担社会责任从情怀追求上升为理性认知，为我国全面建成小康社会和实现中华民族伟大复兴做出社会企业家应有的贡献。

王梓木

2019 年 6 月 28 日

▶▶▶ 目 录 ◀◀◀

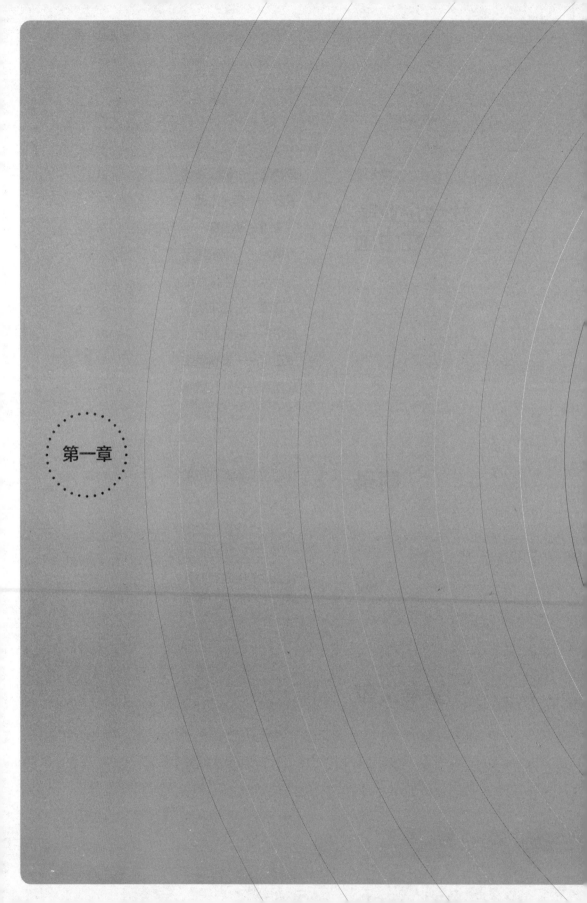

第一章

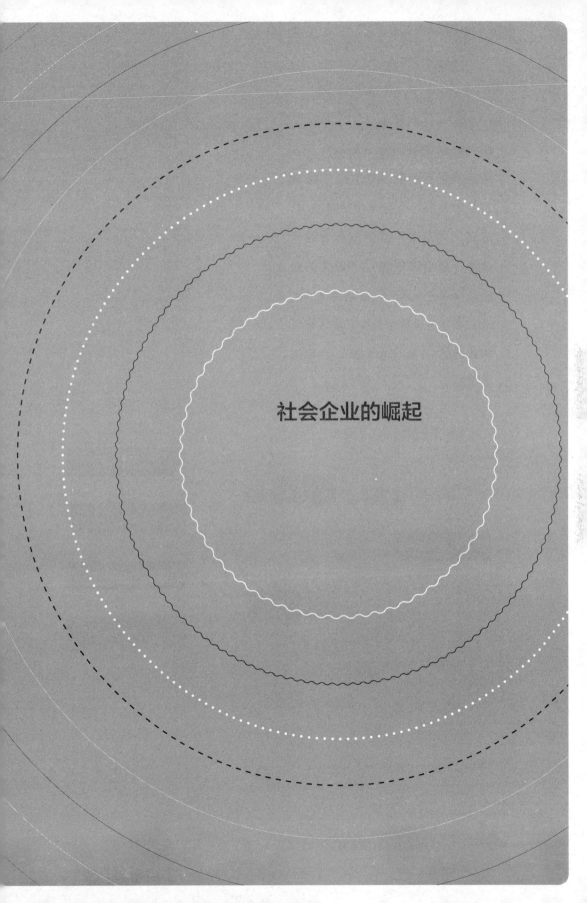

社会企业的崛起

面对复杂的世界经济新局势和前所未有的经济新常态，企业家作为经济发展与社会进步的推动者，应该如何应对？让更多具有时代使命、社会责任和生态思维的企业家凝聚在一起，创造新时代的商业文明，这是每个企业家应该思考和践行的。"社会企业家"的称谓应运而生。

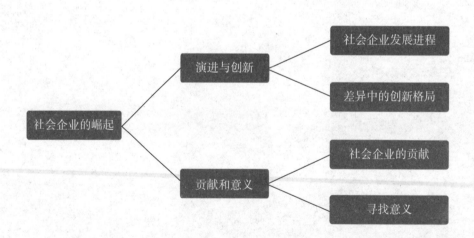

演进与创新

数百年慈善以及公益投资的演化，在"二战"后，以社会保障事业在欧洲发达国家得到充分发展，随着人口老龄化以及税收福利等负担的加重，社会企业在 20 世纪 70 年代末的经济危机中萌芽，在 80、90 年代福利改革的背景下脱颖而出，兴起于欧美，陆续发展至拉美国家以及日、韩等国家和地区。社会企业的实践风起云涌，打破了福利僵局与非营利组织资金第三方依赖的困境，更为合理地分配资源，加大社会信任，创造更多就业机会，促进地区发展，它继承了欧洲中世纪以来的互助与自助精神，在 20 世纪 90 年代的欧洲大陆形成以"工作整合"为核心策略的发展脉络。当社会企业概念的触角延伸到 21 世纪的亚洲，随着网络促进了全球化的浪潮，人们越来越认识到企业勇于应对社会挑战、关注弱势群体、保障社会公平公正、推崇自主创新的重要性。

社会企业发展进程

由于资金、认知、定位、注册、人才、参与度等重重困境，公民社会组织的发展不可避免地遭遇了瓶颈，他们站在道德高端或社会角落，似乎还难以回归常态。适逢其时，"社会企业"应运而生，带着与公民社会的诸多共性，以实现社会目标与经济效益双重价值平衡的特性，成为促进公民社会发展的新生力量。

或许可以说，社会企业的演进多少承袭了公民社会的组织观念，它打破了那些诸如资金、认知、定位、注册、人才、参与度的瓶颈困局，以全新的公益模式脱颖而出。

社会企业的初心，也来自社会需求角度。它起源于19世纪英国的"维多利亚时期"，伴随着持续近100年的工业革命的结束进入自由资本主义。从被奉为鼻祖的罗奇代尔蛤蟆巷的公平合作社到英国社会企业联盟（Social Enterprise UK，简称SEUK），以2012年英议院审议通过的《公共服务法案》（俗称《社会价值法案》）为社会企业发展史上的一个里程碑，百万雇员、七万家的规模、240亿英镑的经济贡献让社会企业在今天挺立潮头蔚然成风。

在这期间，社会企业在美国、比利时、法国、德国、拉脱维亚、加拿大、意大利、芬兰、波兰、希腊、立陶宛、西班牙、葡萄牙、日本、阿根廷、赞比亚、津巴布韦、韩国等都相继涌现，并以合作社、有限公司、非营利组织和慈善机构等新旧法律形式并存。在跨越一个世纪的弹指一挥间，他们完成了对社会企业发展的回应，以欧美为先，在近30年来，世界各国加快了社会企业的立法进程。

差异中的创新格局

社会企业往往被视为非营利组织的一种形式，却打破了非营利组织资金第三方依赖的困境，因而又不同于一般的非营利组织，其自身自带造血功能，突破了传统公益事业"等靠要"的局限。在社会企业的运营中，既有公益性，又兼经营性，与公民社会组织一脉相承。但它又不同于一般的公民社会组织，它与中世纪的行业协会颇有渊源，其所有权和与之相应的多元利益相关者的组织结构，靠商业化，却以社会价值为目标，其政策认可的企业属性带有着与生俱来的合法标签，打破了一般公民社会组织的注册困境。在时代的变迁中，它的复兴又成为公民社会的重要表达。

社会企业本身的盈利性，使其在解决社会问题时相对一般的公益组织，带有更大的弹性，它所具有的这种社会价值与企业绩效亦步亦趋的创新形态，也将是重要的社会治理的新动力。它不同于慈善机构，并不依赖于外界捐赠而生存，并摆脱了像慈善机构那样常被捆绑、缺乏自主性、行政性倾向严重、效率低和激励机制匮乏等问题。

创新是社会企业的一个要素，首先是创新商业模式解决社会诸多问题，弥补公共部门提供社会服务能力的不足以及政府监管调节上的不足；其次是作为市场主体社会责任一方以公共使命、创新的方法实践社会价值的创造。此两面可以称为外求的模式与路径的创新。再则是作为社会组织本身的创新（组织创新），视为内求的创新，从社会企业及其创始者（社会企业家）的角度，从原始动因、使命、结构、能力、责任、社会资本、成长驱动等诸多方面加以深化，我们将在后文细作阐述。

贡献和意义

社会企业，兼顾公益本质与商业模式，以创新方法实践着社会价值的创造和社会问题的解决，追求社会价值和经济价值的双重效应。社会企业促进就业、创收，减少贫困，其贡献远远超越了经济价值，在育儿、残障、社区发展领域积极拓新，医除社会沉疴痼疾，扶助弱势群体，促进社会公平与和谐以及可持续发展……

社会企业的贡献

谈到社会企业的贡献，我们不妨先来看一看相关数据。前几年，中国公益事业的先行者、"希望工程"创始人徐永光曾两度赴英考察，得到的显性数据可资参考——正是上文中曾提到的，社会企业在英国逾七万家，雇员多至百万，为英国经济贡献了240亿英镑，其影响力辐射全球。美国的社会企业家逾三万人并在持续增长，著名的巴菲特、扎克伯格等人也位列其中，其企业贡献总额逾400亿美元。

日本社会企业起于20世纪70年代的"生活协会俱乐部"和"保护大地协会"，循环再利用的各种活动逐渐普及。80年代后期，市民团体提供的老人看护服务风潮推动社会企业浮出水面。90年代中期，神户大地震中志愿者的救灾活动推动了NPO法（即非营利组织法）的正式出台，为其在日本的合法资质打下了基础。"事业型NPO"逐年增多，涌现出以教育、福利等高社会性服务为经营内容的企业。2002年，名为"STYLE"的商业计划竞赛对社会企业概念的普及起了推动作用，它以一种崭新的生活方式和价值体现成为众人的追求。以藤田和芳创办的著名的守护大地协会和大地股份有限公司为例，以实现食品安全为宗旨，签约消费者已经达到7万人，签约农户2500人，资金总额达140亿日元。另以德岛县上胜村为例，这个山沟里的小村庄2000名居民中一半是老龄人口，由180户老年农户为中心建立起来的社会企业"色彩缤纷"，用树叶、野菜和野花制作高档饭店餐盘的装饰，年销售额达到2.5亿日元，让原本经济萧条的山村焕然一新……

今天，一些致力于社会企业的团体往往会想到出国考察，赴孟加拉国学习，因为那里是以社会企业影响政府政策的代表，穆罕默德·尤努斯（Muhammad Yunus）以乡村银行为基础，创立了格莱珉集团，大规模地为贫苦农户提供小额贷款，帮扶他们脱贫致富，短短30年间发展成为拥有近四百万借款者、贷款总额40多亿美元、还款率高达98.89%的庞大的网络，为贫穷的孟加拉国探索扶贫、就业及可持续发展提供了一种方案。同时，这种模式也复制到包括美国在内的数十个国家和地区，掀起了一场波及全球的"微贷革命"。尤努斯因其为社会底层经济作出的贡献饱受赞誉，这位"穷人的银行家"及其一手创办的孟加拉乡村银行（即格莱珉银行——Grameen Bank）共同获得 2006 年度诺贝尔和平奖。

从中，我们应该看到，"社会企业家"对"社会企业"的发展起到的决定性作用，在未来处理社会问题和促进社会进步中将是非常重要的角色。关于社会企业家的倡导我们将在下文中详述。

关于社会企业的贡献，有些是显而易见的，有些是潜移默化的，上述仅以个别定性的数据为显像，其实，有很多隐性的、难以计量和数据化的社会效益及其影响，它不仅于财务经济指标或能效，更有着对社会体系、文化、生态、环境、居民生活方式等带来的综合效益。

衡量一个社会企业的贡献，并不是一件容易的事，很多时候那些影响可能在若干年后才得到具体的体现，相对可以衡量的是一些显性的人力物力方面。首先，作为企业，社会企业有着和其他企业一样的基本贡献，比如就政府而言创造的税收（增加财政收入），就民众而言创造的就业机会，提高生活水平，改善环境，促进整个社会的良性周转等。

其外，作为公益发展的新动能，社会企业能直接面对社会弱势阶层的需求加以扶助，在育儿、残障、社区发展领域积极拓新，医除社会沉疴痼疾，提供更多改善各类社会问题的解决方案，促进社会公平与和谐以及可持续发展……

应该说，社会企业的社会贡献，主要体现在社会价值的创造上，我们在后文中将作细述。

寻找意义

寻找意义是一个永恒的命题。社会企业诞生、存在及发展的意义，其实是一个不言自喻的事，它作为一个名词体现出的"社会"性就给出了答案，又往往蕴含在其产生并存在的原因、作用及其贡献、价值，以至于其传递和交流的精神内容里。不合时宜地套用存在主义哲学观，存在即合理。

企业是社会的细胞，社会是企业的源泉。离开了社会，企业就成了无源之水，无本之木。社会企业反哺社会，这本身就是一种意义。

时至今日，很多企业、企业家在有了一定原始积累以后，都会做公益，做慈善，但他们不见得就此成为社会企业、社会企业家。社会企业以解决社会问题为主要导向，重视社会价值，远高于追求自身的盈利，它不仅是授人以鱼更要授人以渔，带动起更多的人，而远非是施财捐物。有学者打了一个比喻，如果物资能创造他们的房子，那么社会企业就能创造他们的双手，这是社会企业的意义所在。

其实，社会企业的意义，离不开作为社会企业的创造者社会企业家的追求，正因为社会企业家意识到了社会意义的重要性，才诞生了社会企业。我们将在后文中有所叙述。

随着网络技术的发展，我国经济发展进入新常态，全球化深入，产业格局嬗变，市场竞争日益激烈，企业的生存发展面临严峻的挑战。据统计，中国中小企业的平均寿命仅 2.5 年，集团企业的平均寿命仅 7~8 年，与欧美企业平均寿命 40 年比较相去甚远。2018 年，是许多企业眼中难熬的"寒冬"。寒流乍到，一些企业就喊受不了。创业潮也伴随着跑路潮，网络浪潮伴随着转型潮，金融海啸伴随着债务危机潮，随着一波波的经济大潮，每在退潮之际，便有"裸泳"的企业显形出来。故步自封，知识折旧，无异于坐以待毙；低价竞争累死自己、饿死同行、坑死客户；资金链断裂，产业链断裂，创新链断裂，利益链断裂……林林总总，其实往往可以归为没有一个宏观的社会生态价值视野所致。只有真正符合社会生态价值的企业才能长久生存。这也正是社会企业的价值取向。社会企业应时代的需求而被推到了前台。

其实，社会企业的意义更在于引导更多的企业和人找到源头活水。越是艰难的时候，企业家越应该多练内功，回归本位，厘清生态增长之道。关于企业的"生态增长之道"，蕴含着基本的四大支柱，那就是：修身、齐家、治企、爱天下。

生态增长循环图

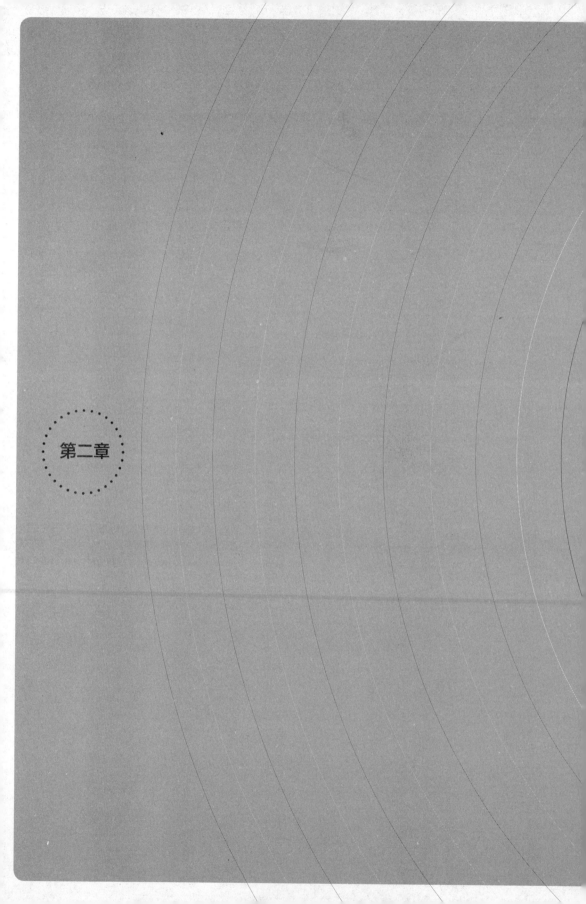

第二章

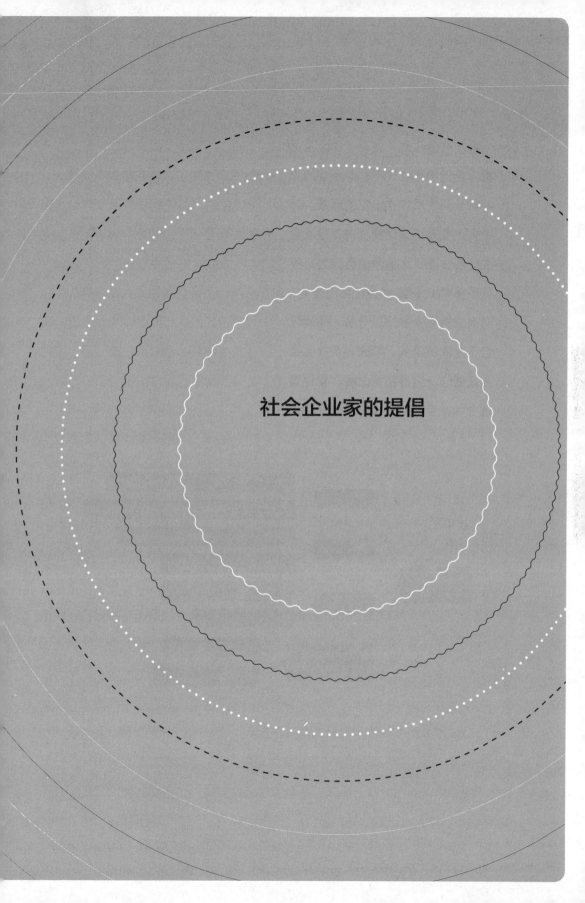

社会企业家的提倡

出现了社会企业，便有了社会企业家。企业的社会义务，与企业的赢利和长期发展存在一定的联系。让更多企业家认识到商业向善是社会变化所体现出来的价值影响力，呼吁更多的企业家成为社会企业家。与商业企业家的比较分析，回溯社会企业家的源头，明确界定社会企业家概念，追寻精神之根，发掘其蕴含的社会意义，持续深入人心。

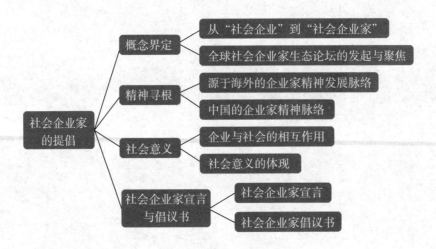

概念界定

社会企业、企业家、商业企业家、社会企业家概念的梳理界定，从理论界到实践界的探究与归总，明确概念。引入全球社会企业家生态论坛。

从"社会企业"到"社会企业家"

社会企业

多年来，社会企业发展相对迟缓，官方定义各有不同，有的倾向于其商业特征（如英国、比利时，前者的定义并为匈牙利和罗马尼亚所沿用），有的强调针对弱势群体的作用（如芬兰、立陶宛），有的注重其组织形式（如拉脱维亚），有的定位兼顾而综合（如韩国）……

　　学界对社会企业的界定也不一而足。有的将其界定于合作社与非营利组织的交叉点（以欧洲委员会为提出者）；有的把它视为以社区利益为目标，遵循民主治理原则的组织；有的理解为从初期以营利为目的的企业参与公益活动到与社会目的结合的企业，再到以商业活动完成社会使命的企业光谱（以美国学界为提出方）；有的将其定位于公共福利领域运行的营利性商业机构，或具有社会责任意识的商业机构……

　　对社会企业的界定主要分为三个学派，获取收入学派、理想类型学派以及社会创新学派。总之，"社会企业"尚未有世界统一性定义，但其概念范畴越来越清晰。综合地看大同小异，我们认为，共性在于社会企业是借助商业形式，实现社会目的。

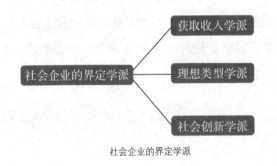

社会企业的界定学派

社会企业家

　　其实，社会企业是企业家创办的。历来"企业家"就是社会中的重要力量，从 19 世纪的"工业企业家"取代传统商人，便成了重要的一个社会主角。他们的界定从早期的"劳动阶层与资本阶层的中介者""某项事业的实施者""创造经济价值的人""承担市场风险的工商企业管理者"到"工业进步的策划者和生产的代理人""新工商企业业主"，再到"具有创新职能的社会经济发展的带头人""被称为公司的法律上的实体，作为财产的所有人"以及"能把利润最大化的人"……"企业家"的界定几经沉浮、演变，迄今多元汇聚，其中也恢复了商业企业家的形容。

企业家造就了社会企业，社会企业家登上了历史舞台。他不同于商业企业家，商业企业家的目标是通过买卖商品赚取净利润，社会企业家则是为了造福社会、成全更多人，为了社会长远目标及其发展。

理论界对于"社会企业家"的界定存在一些差异，没有统一口径。他们被视为"着眼于社会的企业家"意在"以企业家精神为依托推动整个社会走上新的发展轨迹"或"旨在创造社会价值的非营利活动"的引领者。有权威学者称其为"为了创造更高的产出率而改变社会部门流程的人"，他们是"那些为理想驱动、有创造力的个体"。

不管怎样，从根本上讲，如果一个企业家能够创造一个社会企业，会让其个体生命、企业变得更有价值，从而把个人的事业上升到社会事业，把个人的利益上升到社会利益，把个人的价值上升到社会价值。以社会企业为基础创造的社会财富更具有社会正能量，而社会正能量的聚集势必带来更大的社会价值。这才是一个真正的企业家应该追寻的道路。

简言之，社会企业家热衷于积极改变世界，而不是为疯狂地追求利润。他们把个人的事业、利益、价值上升到社会事业、利益、价值，以实现社会价值为企业的最大价值，以实现社会财富为企业的最大财富。

社会企业家用生态思维看待社会问题，用商业规则去解决社会问题，为理想与伦理驱动，关注社会价值创造，拒绝违背社会道义的诱惑，致力构建伟大持续的社会企业，为社会的进步和发展贡献力量。

社会企业家是新时代下的企业家精神的"代言人"，他们改变了商业企业以利润最大化作为唯一的、核心的目标，并将满足社会需求和解决社会问题作为自己终生追求的信仰。他们有着经营企业的双重底线，既要能获得经济回报，又要能完成社会使命。可从实现自我价值上，社会企业家更倾向于以创造社会价值最大化为企业的最高宗旨。关于社会企业家的价值视角，我们将在后文阐述。

全球社会企业家生态论坛的发起与聚焦

"社会企业家"一词引入中国相对较晚，最早说起"社会企业家"，很多人一头雾水，有人觉得"社会企业家"就是单纯做公益的。经过不短时间的思考和筹备，2015年的时候，我们决定举办一个世界范围内的"社会企业家论坛"，让更多的社会人士关注和参与到这项事业里来。

到第一届"全球社会企业家生态论坛"结束之后，有些人似乎就有所悟，说其实现在有一些企业家做的事情、办的企业就符合"社会企业家"的特质，但他们自己并不知道，只是保持着社会企业家的某种情怀，在以社会使命为导向的经营着自己的企业，但并没有一个明确的界定和标签。

为何要锁定"生态"这样的定义？其实就是希望通过这样的平台搭建，让所有参与的企业家可以相互支持、相互温暖、相互整合和链接驱动，从而透过"社会企业家"这个主体的引领力量，对我们整个国家乃至世界范围内的生态空间、生态环境产生正向的推动。这个生态环境的变化是通过企业内外部的生态环境上升到整个社会的生态环境、人类的生态环境，最终产生一个引发和驱动的力量。所以当时创始这个活动的时候我们就有几个基本定位，就是"全球、社会企业家、生态"，把这几个关键词融合在了一起。

这个活动至今办了四年了。当"社会企业家"这个话题不断地被社会所关注和谈及，慢慢地，社会认知度也就越来越高了。

精神寻根

在现代文明之下的企业家精神寻根，经历中西文化的碰撞，追溯中国企业家精神的文化根源——儒释道以及古代、近现代经济思想对企业家精神的影响，完成从"独善其身"到"兼济天下"的跨越，与西方经济思想演变比较，对接古典、新古典、马克思主义经济学、奈特式、柯兹纳式、熊彼特式企业家精神理论、新增长理论，构筑社会企业家精神系统。

企业家精神发展脉络

"社会企业家精神"的概念早见于20世纪后期北美的经济界，它在西方学界的提出并非偶然，他们从企业家精神理论渊源及社会企业的界定框架出发，对现实理论与实践进行反思与批判。

早期的"企业家精神"伴随着 18 世纪上叶"企业家"（entrepreneur，源于法国）概念的提出逐渐走进人们的视野，被贴上了冒险的标签，并曾被视为古典经济学的重要基础。新古典主义起初把"企业家"喻为承担着市场结构活动全部负荷的"产业车轮的轴心"（马歇尔），视"企业家精神"为一种心理特征，并具象为"果断、机智、谨慎和坚定""自力更生、坚强、敏捷并富有进取心"加之"对优越性的强烈渴望"，后来的学者试图将其作为稀缺资源引入新古典主义的分析框架，因其象征主义难以量化与实证，而另寻他径。"企业家精神"在韦伯那里，是他所称的"资本主义精神"（或简单地理解为"职业精神"）的一种，是激励与约束两种精神的结合，与"新教伦理"互为催生，并推进了现代资本主义的兴起。马克思主义经济学将资本家作为"无产者"的对立面，成为剥削阶级的代名词，同时也肯定了其利益动机促进资本主义生产积累的历史进步性。奈特式的不确定性概念作为企业家精神的背景，将其开辟道路的创造精神与风险并存，强调了其风险承担的行为与精神维度。熊彼特对企业家精神的概念定义为："做别人没做过的事或是以别人没用过的方式做事的组合"（后来被学人改为企业家特殊技能——包括精神和技巧——的集合），这是基于他的创新理论，他用了一个词"创造性破坏"，认为"创造性破坏"是企业家精神的内核。基于不完全知识假设与行动的人假设，柯兹纳视企业家精神为早于他人发现新机会并加以把握的一种能力，并简化为"警觉"，也就是在强调认知，尤其是对机会的感知。德鲁克承接了熊彼特的创新观念，并加以系统化，称其"不仅是经济和技术的，也是文化和心理的"，以至把企业家精神界定为"社会创新精神"。后来创新被很多人视为企业家精神的灵魂。关于创新，我们将在后文详述。

20 世纪中晚期迄今，企业家精神被赋予更多的含义，作为提高生产效率和促进经济增长的重要因素，从寻找机会、承担风险、创新意识到推动社会进步、事物的发生发展，被纳入新增长理论、经济发展理论、资本理论、人力资本行为理论及知识溢出理论等。

作为经济增长的关键因素，企业家精神与企业家的类型化相伴而生，从"独立型企业家"与"管理型企业家"的区分，对应着"个体企业家精神"与"公司企业家精神"，到从后者中分离出的"内部企业家精神"，企业家精神也具有了越来越丰富的形态、层次和内涵。

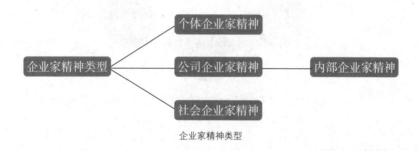

企业家精神类型

一如时人总结的那样：**创新**是企业家精神的灵魂，**冒险**是企业家精神的天性，**合作**是企业家精神的精华，**敬业**是企业家精神的动力，**学习**是企业家精神的关键，**执着**是企业家精神的本色，**诚信**是企业家精神的基石，做一个**服务**者也是一个企业家应有的。

随着社会进入市场经济时代，企业家队伍不断壮大，企业家的重要性也越来越显见，成为重要的经济活动主体，推动着经济转型发展，以至于成为未来世界经济发展的中流砥柱。随着技术革新以及时代演进，企业和其他社会组织迎来了相应挑战，从金融危机到经济危机，从信用危机到道德危机，从人口危机到生态环境危机，包括网络化、全球化的冲击，危机从生活、经济蔓延到了每个角落，日新月异的信息技术革命，日益攀高的社会期望也给企业家提出了新的要求。于是，以解决类似这些社会问题为根本的"社会企业家"及"社会企业家精神"的概念风生水起。

体现企业家精神的几个关键词

中国的企业家精神脉络

中国素有儒商传统，历代的商人其实从某个侧面也可以视为那个年代的企业家，说法不同罢了，如范蠡、子贡、猗顿、白圭、吕不韦、潘振承、伍秉鉴、胡雪岩、乔致庸、叶澄衷、王炽、盛宣怀……由于儒家文化作为中国传统文化的主流，几千年来对国人的影响深入骨髓，"仁义礼智信"也成了商人遵循的"五常"伦理，以至于有了"儒商"之说。不能不说，重农轻商的思想曾在很长一段时期阻碍了社会经济的发展，在经历了"儒""商"对峙、"重士贱商"至"儒""商"流通、互融的过程之后的近现代，企业家的概念的引入，与"儒商"并存。

西方学者曾质疑，言称中国儒家伦理无法催生真正的企业家精神。这个所谓的"韦伯命题"是只把其等级观念和愚民复古的精神糟粕视为儒家思想的全部的结果，而缺乏辩证的思考。谈任何问题都不应该脱离了其时代的历史背景。历史状态下的儒家传统和任何历史文化思想一样拘囿于时代环境而有着弊端种种，但也有着优良的成分，很多还与现代的企业家精神不谋而合。儒家的"不信不立""诚者天之道"正是企业家的"诚信为本"；儒家的"日新"之见对应了企业家的创新精神；儒家的仁爱思想以及其蕴含的真、善、美的观念也是企业家的服务于大众的道德尺度，儒家的"和为贵"等"和合"理念与企业家的合作精神相契合；儒家的"修身、齐家、治国、平天下"，与企业家从自身利益到企业利润到以社会效益为大的发展脉络是何其相似；还有"义利观"，我们在后文将做详述。况且，儒家思想随着时代的发展与其他思想学派相互交融，而去粗取精，在近现代，儒释道的思想精华得到重新衡量，优化互补，"儒商"思想也摆脱了"金字塔"式的传统惯性与束缚，用"达则兼济天下"的情怀，以救世济民的远大抱负和忧患意识，为社会经济的发展注入新的物质和精神力量。

还有一点有必要提出的是中国传统"天人合一"的思想，其实正在成为当代西方企业家的一种追求。也是社会企业家的至高追求。关于这一"天人观"我们也将在后文详述。

从古至今，人类一直在实践和理性思辨的过程中探索着影响人类经济与生活的经典思想。很多人认为中国过去没有管理学、经济学，其实，中国传统的文化思想中蕴含着很多经管主张，只是称谓不同罢了。从《易经》均衡、天人合一的古典经济思想，老子的"无为而治"到儒家学派创始人孔子以"礼"为核心的行政组织思想以及"货殖"思想，孟子以"仁"为目标的组织原则，荀子以"义"为规范的组织基础，到司马迁的善因、利道（经济自由主义），桑弘羊的盐铁专卖、均输政策、平准调节与双管齐下的经法配合，到王安石立法、揽才、理财、抑兼并的经济管理思想，到邱浚的海外贸易管理思想、张居正的精简机构与"以钱谷为考成"的经济管理主张，直到当代的中国式管理、情境论、人本管理、网络经济、微信经济等。

中国传统历来追求一个"善"字，以"上善若水"为至高的做人境界，其实这也正是社会企业家要达到的境界。

社会意义

将经济（商业）行为与公众利益相关联，将企业家的作为与社会意义相关联，探讨两者相互促进、相辅相成的逻辑。

企业与社会的相互作用

作为促进社会进步、引导时代变化的新生力量，社会企业家不仅具有企业家的精神特征，如创新、冒险、合作、敬业、学习、执着、诚信、服务。更为关键的是，社会企业家的社会意义高于其他。社会企业家是社会性和企业性的集合，将经济行为和社会意义相统一，其企业的经营行为，必须具备社会意义。从长计议，也只有具备社会意义的企业经营行为才能保障企业基业长青。

正如德鲁克对组织的社会意义的阐发那样：组织是执行社会任务的功能器官，在联合组织成员完成自身目标的过程中，组织赋予个人社会身份和社会功能，使社会能正常运行和发展，使个人存在和社会存在成为可能。企业作为一个社会组织，其生产经营必然受到社会环境的影响，包括宏观的、微观的；经济上的、文化上的；技术层面的、市场层面的……同时，企业的生产经营也影响着社会，比如某些环境污染、食品安全问题可能是某些企业造成的。不重视这种影响（后果）的企业终将自食其果，为时代淘汰。

社会企业家充分认识到社会与企业之间相互促进、互为反哺的关系，社会赋予了企业存在与发展的条件，良好的社会环境是企业发展的基本前提，而企业也正是社会环境的主要创造者，促进物质精神文明的进步和发展。如果企业不能为社会提供有益的产品和服务，也就失去了其存在的价值和理由。无论企业大小，企业存在的本源意义就是有益于社会，这也是企业的价值所在。

社会意义的体现

社会意义是社会企业家首要思考的问题，也是其区别于其他企业家的根本要素。也可以说，社会意义是社会企业家的核心思维。当一个企业家抛开一己之私，将个人意义上升到社会意义的层面上，也意味着他向社会企业家的目标位置迈进了一大步。或者说，要成为一个社会企业家，"社会意义"为逻辑指引方向。

现在，我们还是从"社会企业家"这个词本身来看，"社会 + 企业家"构成了"社会企业家"，也就是拥有社会属性并以社会为前提的企业家，我们或许可以简单地解释为："社会意义"上的企业家。

其实，所谓社会意义，说白了就是某种事物或行动对社会的影响，这指的是正面影响，也就是平时我们说的正能量。很多时候，社会意义就被理解为对社会的价值或作用。企业家追求社会意义（价值）的基本表现（体现），就是对社会责任的自觉担当与履行，以经营企业为形式，履行社会责任之实，将社会创新和商业企业精神（企业家精神）结合在一起，从而起到解决社会问题、推进社会进步的作用。

社会企业家的社会意义并不局限于某一方面，凡是社会存在或潜在的问题其实都是社会企业家考虑范围内的，创造社会价值也是面向全方位的，包括对行业产业、环境、居民、文化等带来的综合效益，其贡献也不一而足，包括提供就业、提高生活水平、改善生态环境、增加财政收入、增进社会福利等。

我们从中可以看出，社会企业家是具有奉献精神的企业家，并应该具有带动性。社会企业家的社会榜样作用，带动更多人投入到承担社会责任、解决社会问题的实践中来。

可以说，社会企业家是用"以终为始"[1] 的意念指导企业运营，践行社会使命，用"以死为生"[2] 的态度烛微尽善，活好现在，铺垫未来。在社会的发展进程中，社会企业家扮演着十分重要的角色，我们总结为 7 个角色：修行者、思考者、引领者、设计者、决策者、激励者、传播者。

---

[1]　这里的所谓"以终为始"就是说，一个人在创办企业之初，就应该自我诘问："我最终要成为一个什么样的企业家？创建一家什么样的企业？对这个社会到底有什么价值？"当一个人把自己的百年梦想、百年愿景、百年不变的使命和追求确立起来的时候，不管企业如何跌宕起伏，不管事业遇到怎样的坎坷与波折，他的魂始终在那里，他的终极目标依然在那里，他每天创造的价值不仅得到他今天想要的结果，更在为未来做一个铺垫和投资。

[2]　什么叫"以死为生"？就是诘问自己："如果我不在了，我希望这个社会对我的终极评价是什么？我要留给社会的是一家什么样的企业？它对这个社会到底有什么样的意义？"死是生命的终点，也是生命的证明。无以为死，何以为生。一个"以死为生"的人，会只争朝夕，他经营企业的方法、运作模式、对未来的思考设计，就会比较长远；他不会简单地为了一时的利益、一时的目标和一时的结果，而迷失了他的社会使命和社会价值。

社会企业家宣言与倡议书

在中国，其实有很多企业家的所作所为已经趋向"社会企业家"的特质，与社会企业家的某种情怀不谋而合，但并没有一个明确的界定和标签。"社会企业家宣言"与"倡议书"应运而生，由此让更多的社会人士关注和参与到这项事业中来。

社会企业家宣言

2015年11月25日，APEC国际会议中心，由世华集团创始人、北京华夏管理学院校长姜岚昕发起举办的全球社会企业家生态论坛隆重开幕，以"承载时代使命，共建生态系统"为论坛主题，在联合国第七任秘书长科菲·安南和5000

余位企业家共同见证下，联合发起《社会企业家宣言》，宣言全文如下：

　　我们同为企业家，应同根相连，唇齿相依，像日月星斗相互照耀，如山川万物彼此相容。让我们将个人事业上升到社会事业，个人利益上升到社会利益，个人意义上升到社会意义，成为备受尊敬的社会企业家，同时以实现社会价值为企业最大价值、社会财富为企业最大财富的社会型企业。

　　我们以商业化的模式推动公益，践行责任，保护生态，我们解决社会问题的同时创造财富，为同仁搭建平台，为客户创造价值，为股东获取回报，为社会做出贡献，支持国家新常态下的调结构和稳增长，坚定不移地做社会型企业，积极参与社会化投资，促进商业社会进步和生态文明建设。

　　为了我们的祖国更加强大、民族更有尊严、世界更加和谐，我们要从单纯的物质世界中解放出来，让自己有更崇高的追求。赚钱不是我们经营企业的唯一目的，也不是最重要的目的。只有找到比赚钱更神圣的理由，超越赚钱的精神向往，我们的企业才真正拥有源源不断的动力。

　　我们敬畏和维护赖以生存的自然、社会和环境，以利他、利众、利天下之心经营企业。让我们一起用心践行使命，用力担负责任，用魂播撒大爱，成为道信契守、生态互益的事业伙伴，引发团队有更高的社会目标，影响合作伙伴的生态思维，让更多企业注重社会责任和生态文明，承载时代赋予的使命，共建和谐的生态系统。

　　今天我们共同努力的每一步，必将推动中国社会企业的进程，而中国社会企业的每一步，必将推动全球社会企业的进程。从此，让我们诚心携手，似根在风雨中坚守相依，似光在生命中温暖相伴，打造心灵相契的社会企业家联盟，一生一起走，同修中国梦，大爱天下行。期许100年后的今天，随着更多社会型企业的崛起，社会企业家的不断涌现，所引发的社会能量足以让世界更加美好！

社会企业家倡议书

2018 年 2 月 27 日，"亚布力中国企业家论坛第十八届年会"正式开幕，全球社会企业家联盟联席主席王梓木发出《社会企业家倡议书》，倡导更多企业家成为社会企业家。

这个倡议书的推出，源于我们的交流成果。要知道，亚布力论坛的企业家理事们至少囊括了当下中国最优秀的民营企业家代表的 60%。我们针对之前举办的"社会企业家生态论坛"活动资料和我的一些研究成果，经过几次沟通交流，结合自己经营企业的实际体验，几经修改，后定名为《社会企业家倡议书》。在这次 2018 亚布力年会上，所有的亚布力论坛的企业家理事都很郑重地在上面签上了自己的名字。我们争取以联合提案、议案的方式，呈报政府批准，在全国范围内倡导"社会企业家"精神，同时我们也会发现并感召更多的专家学者共同投入研究社会企业家价值，为推动社会企业家理念提供更多有力的支撑。

社会企业家倡议书（全文）

改革开放 40 年来，几代企业家伴随着中华民族伟大复兴的步伐，开拓创新、砥砺前行，为促进经济持续健康发展与社会和谐稳定做出了重大的贡献。党的十九大报告指出，中国特色社会主义进入了新时代。作为新时代的企业家，我们理应肩负更崇高的历史使命，弘扬企业家履行责任、敢于担当、服务社会的精神，争当社会企业家。

企业家的社会职责不仅是创造社会财富，还要推动社会进步。企业家通过创利来增加社会财富，通过创新和承担社会责任来推动社会进步。在当今新的商业文明时代，优秀企业家应当追求企业社会价值的最大化，而不只是商业价值的最大化即利润最大化。承担社会责任、追求社会价值应当成为新时代企业家精神的核心要素。

企业的商业价值和社会价值始终存在，现代社会的企业价值创造，已经不是简单地着眼于经济利益的获得，而是推动社会进步所需的一切价值创造。在这一价值创造中，更加长远和根本的利益成为一种自然回馈。企业在追求商业价值的基础上向社会价值转变，是时代的呼唤和精神的升华。优秀企业家必定是伴随和推动社会的进步，有意识地去把握企业的社会价值和不断产生新的追求。

"社会企业家"的共同特征是：以承担社会责任为宗旨，包括实现人类的共同利益和平等发展；在企业发展的进程中，主动追求企业社会价值的最大化，而非短期商业利润的最大化；富有不断开拓创新的时代精神和推动社会进步的历史使命感；在完成各类社会目标的过程中，实现企业的长期可持续发展。

社会企业家是一个共生共荣的社会群体，拥有共同的价值理念、信仰与追求，共同借助商业的力量去实现企业的社会价值。社会企业家应当将承担社会责任和推动社会进步放在首位，并且不断赋予社会责任以广泛和新鲜的内容，包括提供就业机会、开发创业平台、拥抱科技革命、推动节能环保、促进环境友好、拓展绿色金融、大力扶贫济困、实现各类人群的平等发展与社会共同进步等。

社会在发展，企业在成长，思想在进步。传播社会企业家理念，使其成为多数企业家的行为，是弘扬优秀企业家精神的生动实践，是我们的职责所在。有理由相信，社会企业家作为社会价值的创造者，必将成为推动中国社会进步的一股强大力量。为此，我们共同发起《社会企业家倡议书》，倡导更多的企业家成为社会企业家——

我们志愿以承担社会责任为宗旨，共同打造积极进取、开放共享、健康向上的新时代企业家生态圈，推动中国企业不断向社会型企业演进，促进商业生态文明；我们志愿共同行动，保护赖以生存的地球家园，推进生态文明建设，为人民群众获得清洁的能源、空气、饮用水而不断努力；我们志愿不忘初心、居安思危，传承自强不息、艰苦奋斗、谦虚谨慎、一丝不苟的工匠精神，致力于"百年老店"的打造与传承；我们志愿拥抱并支持互联网、大数据、云计算、人工智能等新科技的开发与应用，勇立潮头、锐意进取、大胆探索，共同致力供给侧结构性改革和创新；我们志愿积极投身"一带一路"建设，积极投身乡村振兴、区域协调发展等国家重大战略的实施，为经济发展培育新动能、开拓新空间；我们志愿推动影响力投资，搭建创业平台，大力倡导绿色产业、绿色金融，进一步探索公益使命和商业投资相互融合的新领域；我们志愿助推各项公益慈善事业的发展，扶贫济困、捐资助教、关爱弱势群体、创造就业岗位，关注民生，回馈社会；我们志愿以身作则，团结各界同仁以及年轻一代企业家共同践行追求社会价值的理念，共担社会责任，使社会企业家理念得以传承和发扬。让我们同心同德、精诚合作、携手共赢，努力创造社会价值，积累社会财富，为人民谋幸福，为国家图富强，为实现中华民族伟大复兴做出社会企业家们应有的贡献。

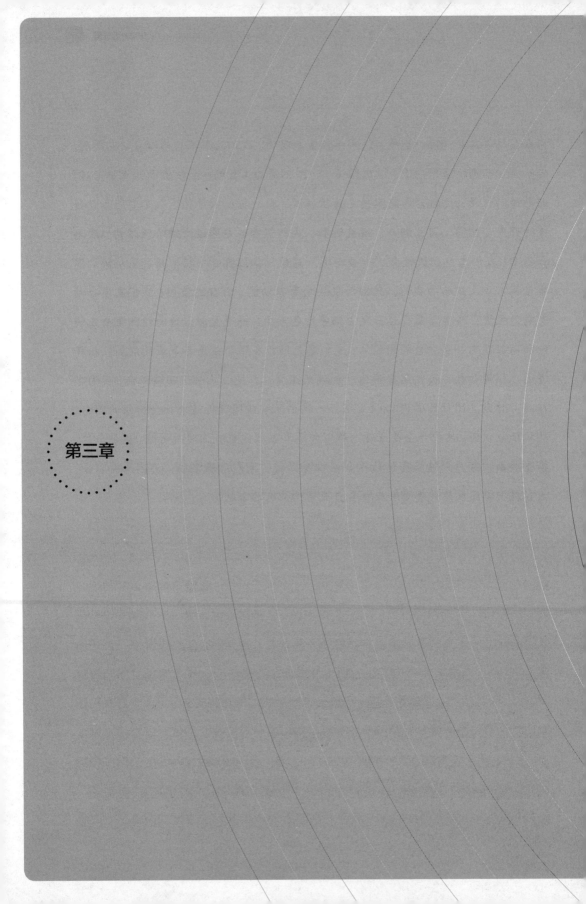

第三章

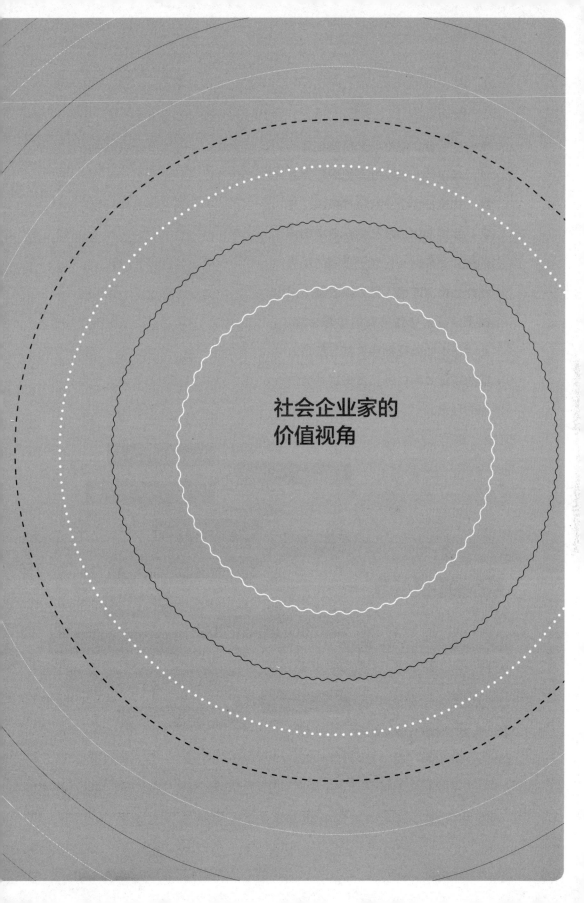

社会企业家的
价值视角

对于"社会企业家"之价值维度的认同与重构，以唤醒"天职"为主线，构筑社会企业家精神系统。其实，传统文化也是社会企业家精神的重要源泉之一，对于不同的民族精神品格与道德人格可以发掘不同维度表征而殊途同归的思想旨趣。正确认识和处理社会效益与经济效益的辩证关系，进一步探讨社会价值的创造。

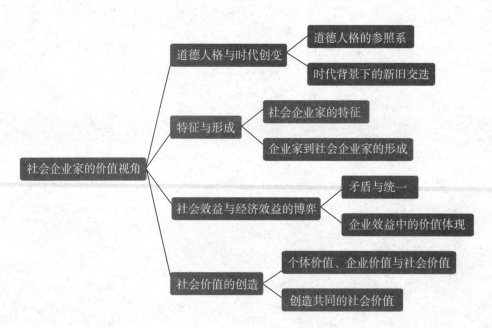

道德人格与时代创变

企业家的道德人格是企业家个体修身的整体道德素质、境界、面貌的概念，体现着企业家做人的标准，凝聚了人类在个体与社会协调发展之路中的经验和智慧。它是企业家个体在社会化过程中，在与外部环境不断调适中追求的理想品格，在时代的变迁中，经由传统道德人格的现代转型，在经济转型升级和社会化进程中，尝试提出一个社会企业家文化塑造的框架。

道德人格的参照系

毋庸置疑的是，社会企业家是具有高尚道德人格的企业家。道德人格与做人做事的范式、习惯、认知、品质、素养、意志、信念、情感、作风等密切相关，或者说这些是道德人格的构成因素。为人处世的范式也就意味着一种准则，或有据可依或约定俗成，是具原则性的、理性主义的，或视为一个参照系。

学界对于企业家道德人格的结构维度有多种说法，如可靠的、正直的、关爱的、公正的和自信的几个心理层面；如从价值目标、价值原则和责任心三个伦理视角；如责任意识、清廉品格、诚信操守和敬业精神四个品质方面；又如诚信、仁爱和进取三个特质。有一种中式的说法，把企业家道德人格体系的建构圈定在七个方面：人格独立、社会责任、开拓创新、诚实守信、管理公正、沟通协调和宽容大度。并进一步解释："人格独立是培育企业家道德人格的前提和保障；社会责任是企业家成功的坚强后盾；开拓创新、诚实守信与管理公正、沟通协调、宽容大度是企业家道德人格体系必备的核心内容。并且，这七个方面的内容相互关联、互相融合。"

应该说，道德人格是否完善，是衡量社会企业家的标准之一。作为社会企业家，在具备那些企业家的道德人格之外，更需要一种社会性的前置。就是以体现社会意义（作用）为核心的道德人格，这种道德人格潜移默化地发挥和实现着社会影响及实际效果，甚至延伸为一种重要的精神力量，它是提高人的精神境界、促进人与社会的自我完善、推动人与社会全面发展的内在动力。因而，有别于其他企业家，社会企业家的道德人格多了一些构成因素，或可以把这多出来的因素归结如下：社会取向、创新观念、公益意识、慈善情怀、奉献精神……

时代背景下的新旧交迭

不同的时代有着不同的观念、不同的时代精神。不管在哪个时代，都需要创变，没有创新与变化，社会也成了一潭死水。

在我们所处的这个瞬息万变的时代，由于信息化、网络化的浪潮，企业家也分为传统企业家和互联网企业家。而很多传统企业家也开始了转型之路。即便有着时代的无情淘汰，却也迸发着新的力量。新旧交迭，草根英雄崛起，企业家的主角地位早已凸显出来，以至于被时人称为"企业家时代"，还有人套用时新的后学（如后现代主义）说法，叫出"后企业家时代"。

当过去的"商"变为今天的企业家，有了新的时代表征，同时也继承了某些传统的道德观念，那些带着新时代印记也带着优良传统道德标签的社会企业家，开启了新一轮的远征。

不管怎样，这个时代赋予了企业家新的特征。社会企业家是我们时代的英雄，他与时代共呼吸，与新时代的需要相结合，也将引领新时代下的企业家精神，成为新时代企业家精神的代言人和道德标杆。

特征与形成

企业家的特征影响着企业核心竞争力，只有具有时代属性的企业家特征和近似气质的创业者才适宜社会的发展和时代的需求。从企业家到社会企业家，其特征也相应升级，社会企业家的群体特征及其形成机制为社会经济文化的发展注入新的活力，构成现代社会发展的新支柱。

社会企业家的特征

随着社会企业家群体的逐步形成与增多，其特征也就明朗地可资归纳成几个方面。譬如国外学者有提出社会企业家的"10个D"：梦想家（dreamers）、果断（decisiveness）、实干家（doers）、决心（determination）、奉献（dedication）、专注（devotion）、细心（details）、主导命运（destiny）、有资金（dollars）、分配（distribution）。再如基于群体道德人格角度的五个特征：自信乐观、满怀希望、富有韧性、高尚情操和卓越远见。另有从其社会性和具有的企业家精神两方面来梳理社会企业家的特征，一个是利他主义，而不是以盈利为动机，并将经营利润投入公益实现社会效益，进而帮助更多人，这是社会性的角度；一个是独特的企业家个性（杰出领导才能、性格独特、强烈的道德感知）、创新精神（不受现有资源约束、能创造性地解决问题）和能发现和把握新的机会，这是企业家精神的角度。

香港社会创业论坛主席谢家驹总结出社会企业家的八个特征，趣称为"八面玲珑"：①对人生充满热情；②聚焦在一个特定的社会问题上；③勾画理想成效的愿景；④设计创新的产品／服务；⑤善于运用"公益市场学"及"游击市场学"技巧；⑥千方百计发掘资源；⑦建立一支必胜的团队；⑧构建一个具有创业热情的董事会。

现在我们有必要重申一点——如前文，在"社会企业家倡议书"中，我们曾描述——"社会企业家"的共同特征是：以承担社会责任为宗旨，包括实现人类的共同利益和平等发展；在企业发展的进程中，主动追求企业社会价值的最大化，而非短期商业利润的最大化；富有不断开拓创新的时代精神和推动社会进步的历史使命感；在完成各类社会目标的过程中，实现企业的长期可持续发展。

企业家到社会企业家的形成

中国古代长期推行的重农抑商政策，因而没有产生企业家群体的土壤。虽然两宋和元朝相对放松而使当时的商业有所抬头，但时局动荡，随即就被明清政权碾压下去了。即便是有个别的古代、近代商人从某种角度来看也可以算作那时候的企业家，也是昙花一现，并没有现象级的群体特征出现。

在古中国还沉浸在农耕文明的美梦中时，西方的重商主义随着大航海时代的过渡而被催化，推动了欧洲殖民和资本主义萌芽（16 世纪），从而刺激了工商业的发展，工业革命以后，自由经济逐步替代了古典的重商主义。

经历了长期的封建统治和闭关锁国，中国紧闭的国门被西方列强的洋枪大炮轰开，农耕文化受到工业文明的冲击，随着社会进一步变革与开放，工商业逐渐崛起，涌现出企业家群体，直到今天的网络化、全球化浪潮卷起新一轮的经济风暴。

改革开放 40 多年来，中国从计划经济转为社会主义市场经济，从打破国企垄断到民企崛起、外资涌入，企业主从过去的任命制到承包制，到今天的股份制，终于催使企业家走上了前台。

世事在变。这个时代和社会赋予了企业家更大的话语权和发展空间，满足了他们调动社会资本追求事业与财富的梦想，同时也无形地给他们以更大的责任和使命。面对贫富差距加大、公平失衡、霸权主义、人口膨胀、环境恶化……层出不穷的问题促使企业家思考着自身生存和立足于这个社会的价值与意义，"不畏浮云遮望眼，风物长宜放眼量"，经历了千回百转、淬炼中的成长，追本溯源，回归初心，他们认识到脱离了社会价值，自我价值的体现便成为空谈，创造社会价值、解决社会问题也就成为他们的终极目标。于是社会企业家应时代和社会的需求而生。

社会效益与经济效益的博弈

社会的良性发展离不开社会效益与经济效益的协调统一。社会企业家如何在企业经营中兼具社会效益和经济效益，实现两者同步发展，形成双元平衡，是社会企业、社会企业家面临的一个重要问题。

矛盾与统一

"效益"往往被视为企业生存发展之道，坚持"价值思维，效益导向"一度成为贯彻企业发展观的需要。在现代社会中，企业家的价值也往往取决于其对社会创造的效益。狭义上的社会效益与经济效益对称——在社会经济活动中，经营企业获得的经济指标，是企业家所创办的企业自身的经济效益，同时，也往往可以带来企业外部的间接经济效益，加之声誉。而我们所要说的社会效益是广义上的，涵盖了政治、思想文化、生活、生态环境的效果和收益，以及为社会做出的成绩、贡献和影响等，这是与经济效益相对而言的。

对于社会效益与经济效益的关系，一直存在着不同的看法，却从来不是非此即彼的。相对而言，两者其实是主次矛盾的关系，从重点论的角度来说，社会效益应该是也必须是放在首位的，它关系着更广泛的（人类生存的）层面。从企业的角度来说，其原本以盈利为目的的实质就是追求利益的最大化，也就是经济效益，就是说企业的生存和发展，首先要考虑的是经济效益。而如果为了追求经济效益，企业不断地开发能源，或比如大炼钢铁，那么综归是损害了社会效益，久之能源短缺，企业的所谓经济效益也再无从谈起了。

从长远的角度说，社会效益与经济效益的矛盾其实是一个伪命题，也就是说两者并非相互排斥，而是相互依存，经济效益是社会效益的基础，而追求社会效益又是促进经济效益提高的重要条件。至于上述企业（或企业家）一味片面追求经济效益导致对社会的损害其实是作为社会中的一个个体的短视行为的结果，是一种狭隘的利益观，这种不顾社会效益获得的暂时的经济效益最终损害的是长远的经济效益。当然更有甚的就是背信弃义、害人害己，譬如三鹿奶粉事件。

因此，企业或者说企业家要让企业生存与长期发展，始终要把社会效益放在首位，做到和坚持经济效益与社会效益相统一。

企业效益中的价值体现

对于社会企业家而言，早已认识到以社会效益为根本的准则，而追求经济效益是要讲求社会效益的，只有在坚持社会效益第一的前提下，才能实现企业长期的经济效益，这也是企业效益中的价值体现。

　　我们可以这么说，可持续性的经济增长需要有可持续性的社会生态背景，加之可持续性的能源产出作支撑。此三者也就是经济可持续性、社会可持续性和环境可持续性是三位一体的，这是最为广泛接受的可持续性解决模式，也可以视为社会企业家解决社会问题的一个根本性的价值模式。

　　社会企业家不同于商业企业家，不仅是要考虑社会效益，而是遵循社会效益至上的原则，对于企业效益的追求，则是为了服务于社会效益的。也只有合理有效地提高经济效益，才能合理充分地利用有限的资源创造更多的社会财富，合理地满足人们日趋膨胀的物质文化需要。

　　但并不是说一个以社会为目标给社会带来了些许效益的企业家就是社会企业家了。关于社会企业家的定位或者说社会企业家如何量化衡量，还有很多歧义，有一个说法：如果从社会效益看，一位企业家（其所有商业活动必须是有益于社会无损于社会的）对社会的贡献总值超过其企业的剩余利润（总利润减去社会公益慈善等方面的实际投入），那么他就不失为一个社会企业家。

社会价值的创造

随着社会经济的发展、全球化、新生态结构调整、阶层负担、人口老龄化等，社会企业家的社会价值愈显重要，同时企业家的自我价值与社会价值内涵、实现、二者关系及其追求目标等问题，赋予了企业家独特的社会属性，成为社会价值创造的主体。

个体价值、企业价值与社会价值

我们这个时代尊重个体价值，它解放了个性，挣脱了封建教育对人的思想禁锢、强权和制度束缚，以及集体无意识的影响。但对客观环境和社会需要的排斥却也往往使之走向社会的反面。

单丝不成线，孤木不成林。我们知道，人是社会的产物，每一个个体的活动生活都离不开社会，就像一滴水离开了大海就会干涸，也就是说，人都具有社会性。只有在社会中，个体才能得到亲情、友情、尊重，才有被需要和满足的感觉以及审美艺术的享受，体现人之为人的品行，这就是人的社会属性。也就是说，一个人要实现自我价值，离不开社会，社会是人生存发展的根据和条件，个人价值从属于社会价值。实际上，更深层地说，个体的真正价值感，并不在于其对社会索取了什么，而在于其对社会贡献了什么，也就是他的社会价值。离开了社会价值，一个人就没有了存在的价值感，社会价值也不会游离于个人价值而存在，两者是相辅相成、辩证统一、互为成全、互相作用的。个体价值也只有在实现社会价值中得以发挥、发展和升华。

企业家是创造价值的，个人价值组织化、社会化是企业家的特质。企业家是企业的领袖，是一个企业的旗帜，是企业总体价值的化身、组织力量的缩影，其一言一行都体现了企业的价值观念。从企业家这个身份定位来说，一个企业家的价值，往往在于把自己的个人价值投入到企业中去，无所保留地奉献自己的一切，这也许将带来财富、荣誉、成就、社会地位、人际关系……当企业家的生命和活动为自己提供了这样的满足时，这样的个人价值其实也只是一时之快，昙花一现，不足以成为企业家的真正价值，更不应该成为社会企业家的终极目的，只有将个人价值上升为企业价值，将企业价值上升到社会价值，通过企业运营为社会做出贡献，让社会问题迎刃而解，才是真正的社会企业家的价值体现。

当企业家将个人价值上升为企业价值，就不能局限于一己的名利之私，而应该与员工和社会需求相结合，达成共识或者说群体的认同，形成一个共同的追求、愿景和境界，这就是企业价值观，让企业聚心、聚神、聚气、聚力，根植本企又超越本企，影响别人乃至后人。而这样的企业价值观就应该是根植于社会价值的。

　　企业价值观，在西方近两百年来的企业发展中，历经了多种形态的演变，从最大利润价值观到经营管理价值观再到企业社会互利价值观，随着人类思想和科技的进步、经济的发展、社会的开放而逐步明朗和开阔，从而萌生了以社会价值为导向的社会企业家群体。我们相信，社会企业家应该可以处理好个人价值、企业价值和社会价值的和谐统一，在创造企业价值和社会价值中实现自我价值。

　　张瑞敏说，一个企业如果没有为社会贡献价值，就不应该存在。可以说，社会企业家的价值最终体现在社会价值上。

　　在我们全球社会企业家生态论坛上，三生教育创始人罗崇敏先生说："企业家的价值实现不在于企业内部的价值消费，而在于价值外化于社会，消费于顾客。企业家要在社会价值中展示个人和企业的存在价值。"

　　知名评论人石述思先生说："做企业究竟为了什么？在一个社会企业家成为主流的年代，三件事，看见自己，了解自己，发现自己，把自己最优秀的部分带给社会价值，见天地，最后见众生。"

创造共同的社会价值

　　价值，须时间检验。企业家的价值也不是一蹴而就，不是有一年半载就能体现出来的，它往往厚积薄发。还有很多潜在的面临向社会企业家转型的企业家。

　　以往说到**社会价值**，往往等同于社会财富，这种狭义的社会价值，是由市场需求和社会供给来决定的，或者干脆被称为"市场价值"。于是把企业家的市场价值无限放大，以至于忽略了宏观大环境的整体平衡，以市场价值为导向，造成各种环境问题。长期以来，人们所认为的社会，就是人们相互交往、共同活动的关系和形式的总和，无形中把社会与自然割裂开来，因此得到的往往只是个抽象的社会概念。自然是不以人的意志为转移的客观存在，人类社会也在自然界之中，离开自然界，也就无所谓社会，社会的存在依赖着自然界的阳光雨露和各种生命与物质形态的依存关系，最基本的比如水资源、空气等，所以社会也要把这些自然的依存影响因素考虑进去，否则，所谓社会价值不过是盲人摸象的结果。

企业家及其企业的社会价值不仅是创造社会财富，关注群落价值，更要坚持人与自然和谐共生的价值，还要推动社会进步。这些才是共同的社会价值，而不是拘泥于某一方利益的所谓的社会价值。拘泥于一方利益的价值，顾此失彼，蝴蝶效应，最终造成整体的失衡，不可避免地走向衰亡。

第四章

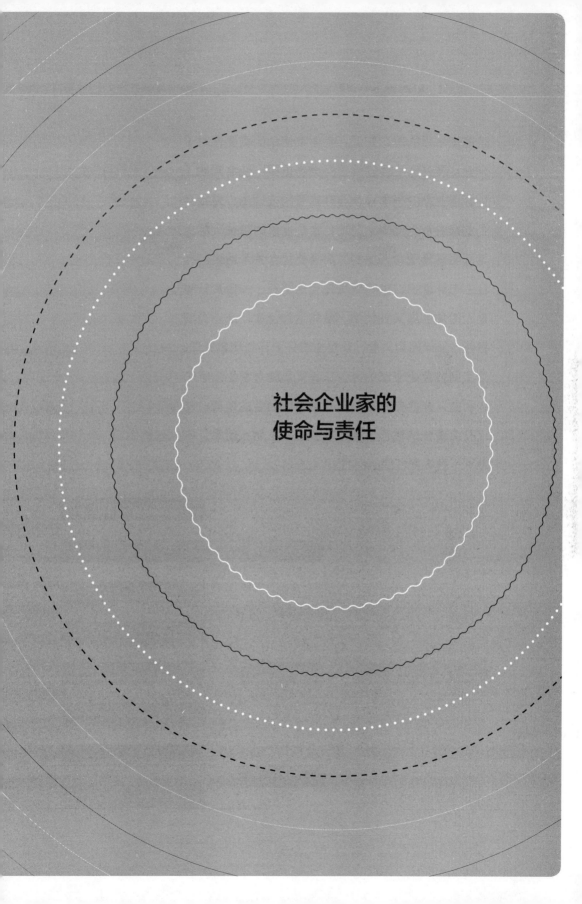

社会企业家的
使命与责任

随着使命感的理念升温，企业家使命的重要性对于企业发展乃至社会发展显得尤为重要。使命阐明了社会企业家的根本性质与存在目的或理由，是社会企业家的行为依据。塑造社会企业家的特征实际上是从明确其使命开始的。而身处社会关系网络和社会生态环境中，意味着责任无处不在，承担责任也是人的角色规定性使然。从命运到使命，从能力到责任，从问题到义务，从企业责任上升到社会责任，落实到社会企业家的身上，其实质隐含着企业家个人利益、企业自身利益与社会整体利益的博弈，基于社会责任的性质，鉴证社会企业家履行使命、主动承担社会责任的必然性。

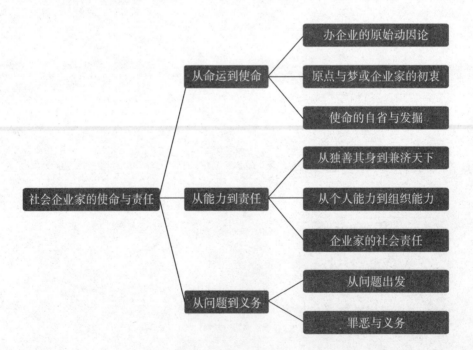

从命运到使命

企业家创业之初，多是出于主动承担自身命运或改变生活环境的初衷，经历辗转起伏，企业日渐做大，命运早已实现了自我主宰，更多的是对一个群体命运的担当，通过实现企业活动价值的提炼和提升，在理智的呼声中，必须上升到社会使命的境界……

办企业的原始动因论

我们不能不说，逐利是企业的本质。古典时期的企业家论说把利润视为商品价值的源泉之一（亚当·斯密），它随着资本的出现而产生；其时把利润定义为节制的报酬（这一"节欲报酬论"后来遭到马克思的痛斥）；此前有过"利息报酬说"，只不过一个是机会成本的报酬，一个是风险的报酬；随后提出了"利息源于利润说"；还有"利息剩余价值说"；而也有反刍者自我推翻了利润等同于剩余价值的说法，并念念不忘；还有以地主贵族阶级的身份庸俗地将利润看作商品价值附加额，说成是"让渡利润"；再有断言工资、利息、地租分别来源于劳动、资本、土地，建立起三位一体的分配论，利润则是企业家才能的报酬；也有他者坚持地认为利润来源于"劳动生产力"，是劳动创造的价值的一部分；在这期间，古典主义生出了一个**"利润动机"**的概念，用于阐明个人因何要办企业。

19世纪70年代，新古典经济学由"边际革命"开始了它的思辨之旅，这一时期的企业论有一个硬核假设，就是**"利润最大化"**，这是由古典主义的"利润动机"这一概念派生出来的，因其先天性的理论困惑一直饱受诟病。

多少年来，一些人偏好的"利润最大化"，导致企业唯利是图不择手段，投机取巧、损人自肥、商业欺诈、价格歧视、假冒伪劣、囤积居奇、哄抬物价、产能过剩、垄断竞争、污染博弈……

至今很多人动辄抛出"利润最大化"来混淆视听，曾经寓于新古典经济学企业理论之中的"利润最大化"在现时面前已经扭曲变形，不堪重负。因而才有了使命的自省与发掘。

原点与梦或企业家的初衷

多少年倏忽而逝，企业家的创业初衷沉浸在历史的记忆里，罕有人重新翻捡起来，而今逐利文化的商业行为成为新经济时代中的"小丑秀"，把当年的初衷远远地抛甩到九霄云外，或者背道而驰。

王石曾在多年前的中国企业领袖年会上说："作为改革开放第一个30年，我们粗放的企业家，靠无限市场发展起来……我们增长起来了，经营规模过一千亿，我们发现我们离开了原点……"

也许我们无法绕开"企业逐利"的本质，而在达尔文式的适者生存弱肉强食的森林法则面前，不过是囿于自身的社会进化论者，在优胜劣汰的市场经济中，在逐利如蝇、只顾眼前得失的氛围中，在一味地"向前看"的论调中，我们似乎迷失了自我，蓦然回首，却发现再也看不到最初的原点。

其实，古往今来，多少追名逐利者到头来却是一场空。所谓盛极而衰，物极必反。竭泽而渔，虽得鱼而明年无鱼；焚林而猎，虽得兽而明年无兽。

这很像人生的梦想，相信我们所有人小时候都有过梦想，但随着时光的流逝，长大成人，慢慢地，我们便忘记了起初的那个梦想。或者，我们还拥有最初的梦想，却忘了最初的自己。于是诗人提醒说："生活不止是眼前的苟且，还有诗和远方。"于是又有些人嬉笑怒骂，传唱着"生活不只眼前的苟且，还有眼后的苟且"，不知那是到底要苟且到何时？！

回到原点。"逐利"不是企业家的永恒目的，它仅是一个企业的原始追求。然而原点，则是我们出发的地方。以追求幸福为原点，这是经营之神松下幸之助的初衷。"回到原点，寻找初心"这是凡客诚品创始人陈年几经沉浮的感悟。

在做卓越网的时候，陈年还是出于一种文人情怀。亚马逊并购卓越网后，为了证明自己，他二次创业做起了"凡客"。

在我们不断前行的时候，偶尔倒退到原点，回顾一下你当初为什么要做这件事。对于企业家来说，你的初衷在现在看来也许很浅薄，也许非常容易或者简陋，不过就是从那个初衷开始，你才一步步有了今天。

柳传志在多次对话中都谈到过为什么创业，他说就是为了活下去……为了照顾好家人，照顾好同事，在这个基础上，再对社会做更多有益的事情。他说，以前活得太憋屈，想试试自己的人生价值，到底自己有多大本事。

杨致远与戴维·费罗创办雅虎，是为了找网站方便，就做了个网址大全。丁磊曾笑谈，创业只为睡到自然醒。面对竞争白热化的手机市场，雷军为什么还要做小米？他说，40岁男人再创业，是要给自己一个交代。拼多多的创始人黄峥说："创业的初心，财务的自由是第一步，精神的独立是第二步。当你精神独立了之后，你要获得幸福感。那怎样获得幸福感？我觉得创业这件事情是能够让我获得幸福的一条路。"

说起来，关于办企业的初衷多种多样，每个人都有所不同，又大同小异。譬如说不满于现状，为了过得更好，为了不受制于人"自己说了算"（李彦宏就有过这样的初衷），为了做自己想做的事，为了出人头地让别人看得起，为了体现自己的价值，为了财务自由……无论怎么说，总之，都可以归结为：为了改变命运。

回想你的初衷，检视一下你创业的出发点，以及它与周边社会的关系，对于未来的价值判断以及发展的态度多有裨益。

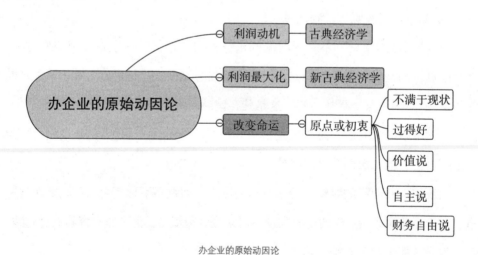

办企业的原始动因论

使命的自省与发掘

在丰衣足食、夙愿得偿以后，企业家自然而然地产生了新的目标，而社会也赋予了企业家更多的使命和更重要的生命意义。

用众所周知的马斯洛需求层次理论来看，从命运到使命也是从低到高的一个"起"的过程，当生理需要、安全需要、归属和爱的需要、尊重的需要、求知的需要、审美的需要得到了满足，就自然向往心理需求的最高境界——自我实现，这是一种层层推进的衍生性需求。自我实现是个体对追求未来最高成就的人格倾向性，具有这种需求的人富有创造性，富有哲学幽默，坚持民主，虚心向人学习，以问题为中心，能献身于事业；关心社会、他人，有强烈的同情心；能区别手段和目的，不会为了目的而不择手段……

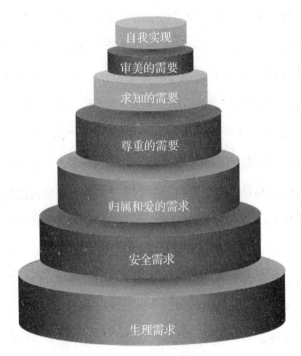

马斯洛需求层次理论

可以说，在满足生理、安全、归属的需求上是一个人对命运的自我承担，在尊重、求知、审美的需求上是改变命运的一个过程，到了自我实现就可以视为是被赋予了某种使命了。不过，马斯洛也指出，基本需求虽然有层次之分，但这种层次并不是固定的顺序，而只是一种一般模式，在实际生活中，有些富有理想和崇高价值观念的人会为了某种理想和价值而牺牲一切（譬如七旬老人韦思浩拾荒十余年慈善裸捐），并且，所谓需求的满足不是指绝对的满足，而是从相对意义上说的。

异曲同工，俞敏洪在一次演讲中说：人这一辈子活三条命，分别是性命、生命、使命，一级比一级更高。首先是保全性命，就是要活下来。其次是生命，意味着人生，要有尊严和意义，留下"生命"的迹象，是对追求生命真意的不屈的努力和坚持。此外，人或多或少有使命感，更大的使命感是什么？来自你愿意为家庭、社会、国家甚至于全球、世界做一些真正有意义的事情。

所谓：顾炎武"天下兴亡，匹夫有责"；戴圣"敬业乐群"；孔子"当仁不让"；荀子"良农不为水旱不耕，良贾不为折阅不市，士君子不为贫穷怠乎道"；诸葛孔明"鞠躬尽瘁，死而后已"；司马迁"究天人之际，通古今之变，成一家之言"；李大钊"铁肩担道义，妙手著文章"；韩愈赠诗贾岛"孟郊死葬北邙山，从此风云得暂闲。天恐文章浑断绝，更生贾岛著人间"……

重新梳理历史的画卷，你会发现，古今中外，关于使命的陈年往事不胜枚举。晏子使楚，唐雎使秦，富弼使辽，蔺相如完璧归赵，张骞出使西域，李冰治水，苏武牧羊，岳飞抗金，班超出塞，戚继光抗倭，郑和下西洋，林则徐虎门销烟，孙思邈一心赴救，董奉杏林春满，屈原自投汨罗江，文天祥誓死不降，谭嗣同血荐轩辕，江姐宁死不屈，刘胡兰英勇就义，邱少云烈火焚身……贞德抗英，哥伦布航海，麦哲伦环球，斯巴达克斯起义，约翰·布朗起义，马索·华莱士抗英，林德曼独身横渡大西洋，南丁格尔提灯护理，白求恩战地手术，圣雄甘地非暴力抗争，曼德拉反种族歧视，西雅图宣言，辛德勒名单……

除却这些历史往事，对于使命的思考也从未停止。苏格拉底视批评雅典为神圣使命，由此而来的思考便成为他生活与哲学实践的宗旨。他说，我与世界相遇，我自与世界相蚀，我自不辱使命，使我与众生相聚。柏拉图以"善"念构建了三等级结构的理想国，正义城邦由统治者、军人和财富生产者三个阶层各司其职，他们先天地具备不同的禀赋和使命；而对于现实城邦，柏拉图的批评集中在社会的分裂和混乱、统治者的无知无能和人的品性的堕落，其中人的品性堕落是政治败坏的根源，要改造现实的不良政治，必须从改造人的品性入手。柏拉图相信，只有哲学家才能承担这个使命。他希望，哲学家应该放弃兴趣、爱好，去投身于解放人类思想、传递理性光明的伟大任务之中。

今天，柏拉图的理想国虽然被视为乌托邦幻想，但思想的解放和对光明的传递从未停息，聆听生命的真理和意义是千古命题，"理智的呼声最后总有人听到，但先要遭到无数次粗暴的拒绝"（弗洛依德语），对普遍真理的探索不仅是从柏拉图、亚里士多德到笛卡尔、卢梭、康德、叔本华等哲学家，自觉担当的不懈追求也是古往今来很多有识之士的使命。

远大的使命感给人以信念和力量，值得我们穷尽一生去努力奋斗，不困于物，不乱于心，事不避艰，行不畏难，即便山穷水尽，也坚持到柳暗花明。因有使命，出使者舌战群儒，革命者视死如归，战士冲锋陷阵，海员乘风破浪，英雄奋不顾身，死士慷慨赴义，雷锋无私奉献，豪杰舍己为人……

《百年孤独》的作者加西亚·马尔克斯在他的小说里写道：如果不能确知命运指派给我们怎样的角色和使命，我们就无法继续活下去。奥地利作家斯蒂芬·茨威格（Stefan Zweig，1881—1942）说，一个人生命中最大的幸运，莫过于在他的人生中途，即在他年富力强的时候发现了自己的使命。

军人肩负着国家赋予的保家卫国的使命；医生诠释救死扶伤的神圣使命；记者遵循记录时代、揭露真相、保证公众知情权的使命；教师的使命是教书育人；民警的使命是除暴安良，维护社会治安；工人的使命是制造优质产品，弘扬工匠精神……托尔斯泰在一篇社论中说："技师、医生、教师、画家与作家，就其本身的使命来说，都应该为人民服务。"

　　有关人士谈到世界 500 强中，有神圣的宗旨、崇高的使命、正确的战略和美好愿景的公司在 500 强榜单中排名停留时间和盈利能力几乎是一般企业的 4.6 倍。企业要想做大做强，必须有很高的宗旨，明确的使命，正确的战略和美好的愿景，我们不要求所有企业家都像乔布斯那样"活着就是为了改变世界"，但是我们可以给自己找准定位惠及世界。有人给企业家下的定义，也是其自我追求和努力的标准。什么叫企业家？不是有钱了办个公司就是企业家，企业家是具有政治家和思想家素质的实干家，能够整合包括人力资源在内的各种资源，推动经济发展和社会进步，这才是企业家。所以企业家必须有责任、有使命、有担当。

　　在我们连续四届的"全球企业家生态论坛"上，很多社会名流和企业家谈到使命。

　　全球社会企业家联盟荣誉主席、澳大利亚前总理陆克文先生说："社会企业家是引导社会变化的重要力量，他们不以利润最大化作为一个标准，而是以实现社会价值为企业最大价值，以融合公益与商业企业为最大使命。"

　　清华控股董事长徐井宏先生说："真正的企业家一定是那些拥有着强大的社会使命感，一定是那种充满着为了改变这个世界，为了让人类更加幸福和社会更加文明而不懈付出的人士。我一直认为做企业和赚钱完全是两件事情，你这个企业真正地能不能创造出价值，能不能为世界的更加美好做出你的贡献，只有做到了才堪称一个企业家。"针对很多人持有悲观态度的所谓资本的"寒冬"和创业的"寒冬"来了，他说："既没有寒冬，也没有热浪，企业永远是在四季中不断地交替生长，所以热浪不对，寒冬不对，在任何一个时点和任何一个行业，只要你做的事情有价值，能够为社会、市场带来本质的东西，你的企业一定是发展好的。所以永远没有不赚钱的，或者夕阳的行业，只有不赚钱的企业。所以企业家如果能够拥有这样的家国情怀，有这样的使命感，才可以创造出卓越的企业。"

　　恒宇环保集团董事长王标先生以"使命决定未来，信仰决定我们的高度"的主题谈道："人生最大的工作就是找一份适当的工作，最大的使命就是找出自己的使命，活出自己的人生。当你可以让自己过得更好的时候，就可以撒播这种影响力造福人群，让更多人和你过得一样好……使命感不仅可以提高人的思想高度，还可以让人生变得更有意义。"

三生教育创始人罗崇敏先生谈到企业家的幸福之道，他说："最好的企业不是利润最大化而是幸福最大化，幸福的企业不是盛物之器，而是盛心之家。企业的幸福力是企业终极的核心竞争力。老板有使命感，职工有成就感，企业才有生产力……传承幸福既是企业家的使命，也是企业家的价值。企业家怎样传承幸福？我认为一是教育传承，二是价值传承，三是能力传承，四是规则传承，五是精神传承。"

法国前总统萨科齐先生在全球社会企业家生态论坛的对话中，回答嘉宾提问时说道："每个人都希望了解他们肩头有企业的使命在，每个人都应该与企业发展连接起来，如果企业赚钱，大家也赚钱，一荣俱荣，一损俱损，让企业成为一个大家庭、一个利益共同体，在企业当中不能说一边是老板、一边是员工，在企业当中有一个家庭一样凝聚的实体，有同样的激情、同样的目标、同样的信念，这时的企业才能成为社会的核心。"

均瑶集团总裁王均豪先生说："使命并不是挂在墙上看的，而是习惯，企业文化具备真正的核心力，偷不去，买不到，带不走，拆不开。我们企业到底想干吗，使命想清楚后走的路会正确很多。"

著名电视节目主持人、阳光媒体集团主席杨澜女士谈到的是企业家的公益使命，用公益创新引领改变……

每个人都应该心怀使命感。缺失使命感的人生，如同行尸走肉。一个企业家，假如没有什么使命感，他充其量不过是一部赚钱的机器，更无法凝聚人心，引领企业发展，虽一时得势，却终将一盘散沙。当一个企业家意识到使命的重要意义时，企业才有目标有方向，众志成城，才相对长久，并走得更远。

企业家把目光放远，但不能假大空，使命是抛弃狭隘的利己主义、个人主义和拜金主义，甚至抛弃狭隘的民族主义，以利他、利社会、利国家、利世界为核心的，把个人的事业上升到社会事业，把个人的价值上升到社会价值，把个人的意义上升到社会意义，把个人利益上升到社会利益，这样的使命才意义重大、扣人心弦、凝心聚力、鼓励斗志、旷日持久，经得起风雨时间的洗礼和考验。

微软的使命是致力于提供使工作、学习、生活更加方便、丰富的个人电脑软件；苹果公司的使命是借推广公平的资料使用惯例，建立用户对互联网之信任和信心；IBM 的使命是带动人类的进步；迪斯尼的使命是使人们过得快活；三星的使命是为人类社会作贡献；惠普的使命是为人类的幸福和发展做出技术贡献；沃尔玛的使命是给普通百姓提供机会，使他们能与富人一样买到同样的东西；通用电器（GE）的使命是以科技及创新改善生活品质；索尼的使命是体验发展技术造福大众的快乐；联想的使命是为客户利益而努力创新；华为的使命是聚焦客户关注的挑战和压力，提供有竞争力的通信解决方案和服务，持续为客户创造最大价值；红塔的使命是员工是红塔最大的财富；华泰保险的使命是让人们的生活品质不被风险所改变；世华的使命是引领社会企业家造福世界……

企业家的使命上升为企业的使命，界定企业的使命是企业家的任务。在理论界，早在 20 世纪 70 年代中期，现代管理学之父彼得·德鲁克（Peter F. Drucker, 1909~2005）便提出了一个"使命宣言"（又描述为"目标陈述"）的概念，它批判并颠覆了传统微观经济学的追求"利润最大化"经济伦理。德鲁克认为，对于企业而言，利润固然必要，但并非企业存在的目的，更不能用利润来说明或界定企业。关于使命的假设规定了把什么结果看作是有意义的，指明了该企业认为它对整个经济和社会应做出何种贡献。他说"管理就是界定企业的使命"，甚至把人们很少充分地思考企业的使命是什么归结为使企业遭受挫折的唯一重要的原因。从此，对企业使命的研究呈现出逐步演化的渐进过程，成为企业文化的重要部分，涉及的内容也越来越广，很多国际知名企业开始设定自己的企业使命。

20世纪90年代以来，使命陈述备受瞩目，中外学者们从远景、财务、绩效、CIS、价值观、战略设计、行为效标、质量体系、管理视阈、公共领域、社会公益、组织学习视角等方方面面对企业使命的价值加以分析和阐述。由此完成了理论上的使命自省与发掘。而企业使命自觉的现实路径也从理念口号趋于践行。

总之，使命对于一个企业具有重要的意义和力量，使命是第一维度，也是最高维度，在我们经营企业中，应以使命的高维为导向，以宣言的落地为重点。当我们具有社会使命，就能实现社会价值，诠释社会意义，赋予社会能量，创造社会财富，成为社会企业家。

从能力到责任

能力是企业家的看家本领，也是企业家素质的外在表现。起初，企业家往往凭借着自己出色的能力，譬如经营能力、社交能力、用人能力、组织能力、决策能力、创新能力、应变能力、表达能力等，加之坚持不懈的努力缔造了一个企业。其时，企业经营中的各种事宜为聘请的更多有相应能力的人所承担，而企业家本人在积累了一定财富的同时，从烦琐的事务中解脱出来，便有能力左右大局，帮助别人，甚至扶危济困，造福一方，正所谓"达则兼济天下"。而对于社会企业家而言，这就不仅仅是能力所及，而是从能力上升为一种责任。

从独善其身到兼济天下

谈到过去，很多企业家都曾有过艰难困苦，几经沉浮，从当初一文不名到身价不菲的企业家，其华丽转身的背后是自愈力与"倍数化"能力的生长和构建。

一个人的能力随着眼界、经验、阅历而增长。从低到高的提升，虽非易事，却各有千秋。在不同的阶段，做力所能及的事，能力小，就做点小事，所谓善小亦为；有能力时，就做点大事，因为随着能力维度的提升，社会也自然赋予了我们更多的责任和意义。所谓"穷则独善其身，达则兼济天下"。

春秋时，范蠡事勾践灭吴，功成身退隐居伏牛山，乐善好施，三聚三散；西汉时，黄霸"养视鳏寡，赡助贫穷"，大行慈善，百姓乡化，田者让畔，道不拾遗；西汉末年，樊重善于农稼，爱好货殖物无所弃，役使僮仆各得其所，池鱼牧畜有求必给，出借百万焚烧文契，赈济宗族，恩加乡里；东汉时，宣秉生性节约，布衣布被，蔬食瓦器，常服布被，所得薪俸尽数赠予贫苦孤寡之家，以致离世"自无担石之储"；东魏路邕自出家粟，赈赐贫窭，民以获济；隋时"循吏"公孙景茂减俸施粥、秩俸买牲，散惠孤弱；北宋时，范仲淹断齑画粥，苦读及第，修堰戍边，捐宅兴学，创办义庄，先天下之忧而忧，后天下之乐而乐；南宋时，刘宰明敏仁恕，振荒邑境，施惠乡邦，驱蝗成神，舍粥济民；明代时，李五随兄卖糖，富贾泉郡，好义乐施，修桥铺路，清河建仓，施糖祛疫，"南糖北运""北棉南运"见证"海丝"；清末，孝乞武训乞讨兴学，瑰行奇节……

从汉时的"施粥"到清朝的"义仓"、从晚明的"同善会"到清末的"安济堂"，兼济天下者如点点星光散落在历史长河中。同样，国外致力于社会贡献的有能力者也大有人在，从雅各布·富格尔（Jakob Fugger II，1459 ～ 1525）、安德鲁·卡内基（Andrew Carnegie，1835 ～ 1919）、约翰·洛克菲勒（John Davison Rockefeller，1839 ～ 1937）到比尔·盖茨（Bill Gates，1955 年 ～ ）、沃伦·巴菲特（Warren Buffett，1930 ~ ）、马克·艾略特·扎克伯格（Mark Elliot Zuckerberg，1984 ~ ）、沃尔顿家族……足以支撑构建起一个社会贡献能力评价指标体系。

其实，这可以说是能力的外化。能力越大，责任越大。何况，能力的大小与这个社会休戚相关。有一位企业家曾说，我首先是一个社会人，我赚的钱来自社会，因此，我赚了钱，没有理由不回报社会。企业家的财富源自社会，回报社会是企业家的职责，同时也是企业家能力的一个评价指标。

在我们首届全球社会企业家生态论坛上，阳光媒体集团主席杨澜女士曾谈到能力建设，她是从企业家参与社会公益和教育的角度来讲的，这让我们进一步想到企业家本身的能力建设，这也许是一个引人深思的论题。

从个人能力到组织能力

一个企业家的能力往往也决定了一个企业的能力。聚沙成塔，集腋成裘，就在企业不断发展的进程中，企业也承担起了社会责任；企业家是企业的灵魂，左右着企业的方向和格局。就在企业社会化的进程中，企业家的个人能力也上升为组织能力。

作为一个经济组织，企业借助组织的整体能力架构实现相对优化的持续发展。企业家是布局者，也是赋能者。企业的整体设计规划和前瞻性是一种能力，给予他人正能量也是一种能力，它依靠企业家的格局和眼界，决定了企业的发展境界。做人要有格局，做企业更需要格局，你的眼界有多大（视野有多宽），格局就有多大；你的格局有多大，你的世界（舞台）就有多大。

人存在于世的意义是创造价值，企业立于社会的根本也是创造价值。企业家凭借能力，创办企业，聚众之力（形成一个组织的能力即企业能力）服务于社会，贡献力量，赚钱是附加值，创造社会价值才是责任和宗旨。这是一个双赢的过程。企业是社会的细胞，社会是企业利益的源泉。当企业家从中获利，并有能力让企业创造社会价值时，却一味追求经济利益，就很有可能冲击或破坏了社会利益，对于社会而言，这个企业无异于一个毒瘤，就没有存在的价值了。企业为社会创造价值，同时也是成全自己，为企业的发展奠定基础。

创造社会价值的能力是企业的核心能力。

其实，对企业能力的探讨与研究由来已久。从 18 世纪的分工论、19 世纪的企业内成长到"企业增长论"，为企业能力论奠定了基础。20 世纪 80 年代，"企业的资源基础论"的提出具有深刻的社会经济背景，以至于成为企业能力论的一个特定统称；而"企业知识基础论"进一步拓展了企业成长论。

现代企业资源基础观（RBV）则强调了企业特定资源的差异性，后把远见、运气和企业战略作为要素；有人指出资产存量积累和持续竞争力，1989 年关于作为利润来源之一的独特资产的讨论被称之为独特的能力，并运用了"商誉"一词，后来企业核心能力被认为是"商誉"的本质；有人甚至将"资源观"视为 20 世纪 90 年代的企业竞争优势的基石；随后学界还抛出了"资源竞争"，将企业能力落脚于有价值的资源组合（方式）上。

20 世纪 90 年代初提出了企业的核心能力（core competence，也称核心竞争力），解释为技术流的累积；另则以组织（企业）独特的知识体系界定核心能力，并指出了"核心刚性"———一个僵化的能力陷阱（或包袱）。

有人用相异的技能、互补性资产和规则来定义企业核心能力，提出"动态能力论"（激励能力论）。

有人把知识基础理解为信息与窍门，重视组合能力；有人从"知识创造"视角入手，提出 SECI 模型；Grant 随后提出知识整合机制；有人把组织（企业）视为一个知识实体，并把知识分为自发性的、有意识的、客观的、无意识的和集体的几种形态。

有人从"动态能力论"出发，将其定义为"后天习得且稳定的集体行动方式"，提出被描述为一种链状递归循环的组织认知发展（知识演化）过程可以仿达尔文的生物进化论来解释。

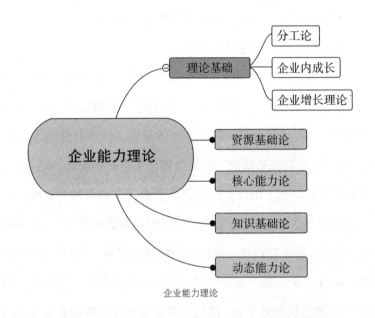

企业能力理论

在社会化的进程中，从企业家的个人能力上升到组织能力（企业能力），既是一种潜移默化的作用，也是能力演化的必然趋势。虽然资源基础论、核心能力论、知识基础论以及动态能力论已经构成了企业能力理论的四个流派，但是总体上还是局限于企业能力的内化，而与其外化方面似乎有些脱节，这里的所谓外化，是企业能力对外界的影响与贡献，也就是社会化的某些表现，譬如创造社会价值的能力，或者说企业的社会责任能力。

企业家的社会责任

我们说，创造社会价值的能力是企业的核心能力，也是企业的基本责任。即便是 20 世纪 20 年代脱胎于边沁功利主义的旧福利经济学，也是以社会价值判断为出发点。不过，功利主义伦理趋乐避苦，注重后果，以实际功效为标准，以致社会拜金主义的形成，人成为经济的奴隶。

20 世纪 30 年代，针对企业目标的一场论战，引起了对企业社会责任观（Corporate social responsibility，简称 CSR）的深入探讨与研究，并延续至今。20 世纪 50 年代初期明确提出"商人的社会责任"，20 世纪 60 年代兴起"责任铁律"（Iron Law of Responsibility），提出"商人的社会责任须与其社会权利相称"，通俗地说就是"权利越大，责任越大"。有人指出商人应对公众期望有所预测，这预示着对社会负责的一种态度。有人则将企业的社会责任观念延伸出经济及法律义务情境之外。还有的指出企业对社会的负面影响，以及约束两者之间关系的伦理原则。20 世纪 60 年代后期，鉴于企业与社会休戚相关的联系，有人挑明其社会责任要多元化，并志愿化。

20 世纪 70 年代初，时人以"社会责任是为了增加企业利润"为题指出社会责任学说只是一种伪装，提倡"仅存的、而且是唯一的一种商业社会责任是在没有诡计与欺诈的情况下，从事公开且自由的竞争"。其后，"同心圈"的工商企业社会责任规定出现在美国经济发展委员会的报告中，打破了以前"股东利润最大化"的统治地位。而有人则认为 CSR 就是把做好的决定变成了社会的任务，它只是在为企业自身的决定找个冠冕堂皇的理由。有人还将企业社会责任界定为对企业行为之于社会影响的严谨思考。

20 世纪 70 年代后期，"企业社会回应"（Corporate Social Responsiveness）的概念提出，被认为与"企业社会责任"等同，它以行动为导向，是企业对社会呼吁或需求的反应，反映企业适应社会变化的能力，体现在企业家对社会责任的反思和管理理念的转变。有人对企业社会责任和企业社会回应做了区分，认为责任只注重了动机，而回应应该强调行为结果。再者把这种回应社会需求的企业行为划分为社会义务、社会责任和社会回应三个阶段，将三者合而称为"企业社会绩效维度"（企业社会绩效又称为企业社会表现）。社会回应在人们看来是高于社会责任并可以取而代之的一个概念。而另一方面，则将两者等同视之，互为补充。

20 世纪 70 年代末，对企业的社会责任自行量裁的期望，亦即经济法律之外的道德和自主性责任，形成"四成分"学说，并建立了履行责任内容的"金字塔"模型，其把企业社会责任、企业社会回应与社会问题管理作为三个维度，共同构成了"企业社会表现"（corporate social performance，CSP）的三维空间。有人给出了一个综合性的定义，认为企业社会责任是指，在给定的时间内社会对组织所具有的经济、法律、伦理、慈善方面期望的总和。这一概念一度被广泛应用。

20 世纪 80 年代，企业社会责任被界定为"认真地考虑公司的一举一动对社会的影响"。有人提出企业社会责任看重的是终极结果，而企业社会回应注重的是过程方法。人们把"企业社会表现"的三维概念结构拓展为"原则、过程与政策"的新三维模型，并从宏观视角提出了"企业社会绩效评价模型"，强调社会目标和价值的体现，认为"企业社会绩效"是社会责任原则、社会回应过程和解决社会问题政策之间根本的相互关系。"利益相关者论"的提出具有里程碑意义，为企业社会责任找到了明确的责任主体，成为后来解释企业社会责任最常见的根本理论。十年后，利益相关者理论作为"一种理论框架"引入企业社会责任（CSR）研究，成为后来人们构建 CSR 模型所采用的理论支架（依据），并由此衡量企业的社会责任表现。

1986 年 Ben & Jerry's 公司发布了第一份企业社会责任报告，这是公众推动企业社会责任发展的一个重要标志。

企业社会回应提供的是企业行动的方向，是对企业社会责任规范性概念的补充，这一说法在 20 世纪 90 年代初就被指出，并将社会问题管理、环境评估与利益相关者管理视为企业社会回应的三大支柱，将企业社会责任划分为制度、组织与个人三个层次，将"企业社会表现"界定为企业的社会责任原则、社会回应过程与企业社会关系有关的政策、计划和可观察到的结果的总和，并以社会责任原则、社会回应过程与企业行为结果作为"企业社会表现"的三个层面。正是由于行为结果的提出，使得"企业社会表现"从概念模型转为具象的实施，更具有了实际的操作性。后来（2005 年），人们总结出五种"企业社会表现"的实用测评方法，分别是：基于年报内容分析的测量、基于污染指数的测量、基于问卷调查的知觉测量、基于声誉指标的测量与基于专业机构数据库的测量。

20 世纪 90 年代，产权理论、社会契约理论被纳入企业社会责任与利益相关者之间的联系。实际社会契约论与企业社会契约责任结合，形成了规范企业社会责任的"综合社会契约理论"。

1999 年，有人把平衡各利益相关者的利益，使利益相关者价值最大化视为企业的根本目标，并指出多元的产权概念应包括对多重相关利益者而不只是公司股东的责任。此后利益相关者被定义为"任何能影响企业目标实现或被该目标影响的群体或个人"，研究显示，企业不承担社会责任会对其价值产生负面影响。

在此期间，著名的"三重底线"模型（或"三重盈余"——经济盈余、社会盈余和环境盈余）提出。公共责任、经济伦理、企业公民、企业伦理等相关概念也相继衍生出来。

2000 年以后，企业社会责任理论在某些方面产生了回流，一些金融经济学家重新肯定了新古典经济学的"股东价值最大化"。有人认为企业社会责任体现在企业声誉方面，并被作为产品质量的替代品，同时指出企业社会表现是高于公司利益和法律要求并显而易见有益于社会的活动。有人对公司治理的看法还是"股东至上"的逻辑，提出以"利益相关者团体"的治理模式替代传统治理模式，有助于企业社会责任行为的内在化。有人以实证显示，当企业具有较高的管理防御水平时，承担企业社会责任具有价值递减效应。

2002 年，社会责任被认为是因为企业经营活动的外部性而产生的对利益相关者的责任，并提出"改良的价值最大化"（enlightened value maximization theory）状态，指出利益相关者的利益权衡问题，将企业的利益相关者作为战略导向或绩效驱动，并将企业长期市场价值最大化作为不同利益相关者之间进行权衡的标准。

也有把企业社会责任作为公司与利益相关者的长期纽带，经验主义显示对此高度重视和负责的公司会财务公开。时人从行为动机的角度，提出了"战略性企业社会责任"的概念，也就是把 CSR 作为企业战略，从而吸引具有社会责任感的客户，并使他们在购买垂直差异化产品的时候付出更多的溢价，还采用数理模型分析方法，实证内在动力和外部压力共同作用能提升企业社会责任表现，并认为报酬激励合同决定了企业社会责任的支出（2006）。另有把股东之外的利益相关者的负外部性因素植入企业治理模型的构建，说明企业 CSR 行为是内生的。

2006 年"企业社会表现"（CSP）重新界定，称之为"作为一个自愿行动产生的社会之于第三方的影响"，这与 1992 年企业社会表现是"企业行为的社会结果"的论断遥相呼应。

有人质疑管理层很可能利用履行企业社会责任来伪装其投机行为。有人用公共产品的扬优抑劣来重新界定了企业社会责任，其模型显示，消费者对优质公共产品的偏好，使承担更多社会责任的公司能够获得声誉溢价和更多利益。2008年，有人从盈余管理的角度出发，认为那些为一己之私而扭曲盈余信息的管理者可能利用履行企业社会责任活动的名义来掩盖其幕后操纵的事实而免于惩罚。

2010 年，企业社会责任的志愿基础被一再强调，并从公共经济学视角加以诠释，对企业履行社会责任促进资源再分配加以肯定，时人还指出，企业社会责任受到利益相关者社会偏好的影响。

在人们的研究综述与社会企业家的实践中，利益均衡的观念也得到越来越多的认同，那就是企业社会责任的核心和实质要达到企业或股东利益与社会利益的平衡。对于企业社会责任的各种界定也大同小异。

联合国贸易和发展会议（UNCTAD）指出，企业社会责任是企业影响社会方针和需求的方式，其企业社会责任计划的目标应该包括竭力创造一个公正、繁荣与稳定的全球化社会。

欧盟（2001）把企业社会责任界定为"在自愿的基础上，企业将对社会与环境的关注密切融入它们的经营以及与其利益相关者的互动中"。

世界银行（2003）提出，企业社会责任是企业与关键利益相关者的关系、价值观、遵纪守法以及尊重人、社区和环境有关的政策和实践的集合。

世界经济论坛（2003）认为，企业社会责任包括以下四个方面：一是良好的公司治理和道德标准，主要包括遵守法律、道德准则、商业伦理等；二是对人的责任，主要包括员工安全、平等就业、反对歧视等；三是对环境的责任，主要包括保护环境质量，应对气候变化和保护生物多样性等；四是对社会进步的广义贡献，如参与社会公益事业、服务消除社会贫困等。

世界可持续发展工商理事会（WBCSD）先后给出了两个界定：（1999）企业社会责任，是指企业致力于推进可持续的经济发展，与员工及家属、所在社区以及广义社会共同努力，提高他们的生活质量；翌年（2000）在这个基础上，进一步引入了道德意识，重新界定企业社会责任，是指企业采取合乎道德的行为，在推进经济发展的同时，提高员工及家属、所在社区以及广义社会的生活质量。

国际商业领袖论坛（IBLF）（2003）提出的企业社会责任是以伦理价值为基础，坚持开放透明运营，尊重员工、社区和自然环境，致力于取得可持续的商业成功。

国际劳工组织释义，企业社会责任是指企业在经济、环境和社会范畴承担某些超出法律要求的义务，而且绝大多数具有自愿的性质；因此企业承担社会责任并不仅仅只是遵守国家法律，还包含了很多其他的义务，劳工问题只是企业社会责任的一部分而已。

社会责任网络（CSR Wire）（2003）释义：企业社会责任，是指企业政策、运营和行为要充分考虑投资者、消费者、员工和环境等利益相关各方的利益。

国际雇主组织表示，企业社会责任是企业自愿性的举措，企业有权决定是否在超越国家法律范围之外做出其他社会贡献。定义强调企业履行社会责任的性质。

国际标准化组织积极推进社会责任标准 ISO26000 的制定工作，提出了社会责任的新定义：组织社会责任，是组织对运营的社会和环境影响采取负责任的行为，即行为要符合社会利益和可持续发展要求；以道德行为为基础；遵守法律和政府间契约；全面融入企业的各项活动。

商务社会责任国际协会（BSR）指出：企业社会责任主要是指企业在尊重人权、符合法律规定、考虑道德价值、社区和环境的情况下开展经营活动。

国际工商理事会（USCIB）释义：企业社会责任是指企业对其社会角色所承担的责任，这些责任是建立在自愿条件下，并且范围大于相关法律规定，有利于保证企业的各种经营活动对社会产生积极的影响，大部分涉及员工待遇、企业商业道德、社会公益行动、保护环境等问题。

尽管不同组织对企业社会责任的描述不一而足，但其本质是基本相同的，也就是在注重相关者利益的同时，更应该在遵守维护和改善社会秩序、保护增加社会福利等方面承担职责。

当然，有一个基本条件是，一个企业到底有无能力背负社会责任？就像一个人如果自己还饥餐露宿温饱难继又何以救济他人呢？

其实，企业是由企业家来掌控的，企业就是企业家建立起来用以追求更大效益的一种具有合法性的组织形式，与其说企业的社会责任，不如说企业家的社会责任。

在我们首届全球社会企业家生态论坛上，联合国第七任秘书长安南先生谈到企业家的社会责任，他鼓励企业家与大学和研究机构开展合作，开发节能建筑、智能交通系统和环保型废物处理的解决方案，同时，企业也能提供相关的生产流程和产品特性的信息，鼓励消费者购买环保商品。他说，负责任的投资者（企业家）一定会在评估完他们的投资对社会和环境所带来的影响之后，再做出正确和关键的选择。

在那届论坛对话中，著名媒体人杨澜女士总结安南的问答时说："一个失败的社会没有任何的商业可以成功，所以社会责任是每个人在追求自己的利益和商业利益时所必须顾及和有所贡献的。"

韩国前总理李寿成先生说："企业的社会责任是任何人都不能抗拒的事情，在过去的产业化年代，所有的企业只为追求利润而争前恐后，在这样的过程中，也暴露出许许多多的问题，比如说出现了富人越来越富，穷人越来越穷，随着时间的推移，这个差距也越来越大。另一个方面，盲目乱用资源、资源枯竭、环境遭到严重破坏，随着时间的推移，这个问题也变得越来越严重……消费者的不道德商业行为也是一个问题，生产不良产品导致消费者受到伤害的实际案例也频频出现，这些都是极端追求利益所产生的弊端。这样的矛盾引起的社会问题，企业也产生了新的认识，劳动者的环境一旦恶化，便无法生产优质的产品。企业为社会承担责任，可以表现在多个方面，或改善劳动者的环境，或生产出物美价廉的产品，这些都可以说企业对社会承担责任。创新节约资源技术，生产环保产品，为改善环境而贡献也是企业的社会责任。改善劳动环境，是一项社会责任，可以通过奖学金制度，帮助一些贫困学生，也是一个很好的善举。企业对社会承担责任，我到中国来，第一次亲眼看到最好的实力。"

从问题到义务

对于很多企业家而言，创业初期首先是为了解决自身的生计问题，解决家庭经济问题，之后解决跟随者的问题，解决创办的企业问题。当企业做起来，人丁兴旺，企业家的目光便可以拉得更长、看得更远，帮助解决社会问题。而真正的企业家——如马云所言，不是利用社会问题去赚钱，真正的企业家是通过解决社会问题来赚钱。好的企业，要用商业手法解决社会问题，推动社会发展，而不是寻找社会漏洞去发展。解决的社会问题越大，企业就越伟大。而作为社会企业家，有义务将社会责任作为其气质与信仰，去带动周围更多的人和企业。

从问题出发

有一个常识是，办法是从问题而来的。其实人生本身就是面对不断萌生的问题，然后想办法解决问题。问题意味着挑战，也意味着成长，没有问题的存在，世界也将失去生机。

企业家面对的问题多种多样，从自身的到环境的，问题总是如影随形。当你从一个人独当一面，到召集一群人成立一个企业，你的问题也随之从个人的生存发展问题转向了组织的生存发展问题，以至于社会环境的良性发展问题。

以问题为导向，发掘问题、表述问题、总结问题、处理问题……人和企业都是伴随着问题成长的。接踵而来的问题，成为经验、能力，甚至是方法论的起点。

马云在一次演讲中说，企业家需要经常问自己三个问题：你有什么？你想要什么？你愿意放弃什么？你有什么？我什么也没有，我们唯一拥有的就是梦想，信念，我们有团队，我们会十分努力。你想要什么？客户想要什么？社会的问题在哪里？你的客户存在什么问题？我们的团队想要什么？如果一个人不愿意放弃任何东西，那么什么也得不到。很多商人从来都学不会专注，我们要学会专注于一件事。因为学习专注，就好像前面有九只兔子，如果你想要抓住兔子，不要换目标，要改变自己，直到抓住兔子。

有人说："企业家是为解决社会问题而存在的。"这句话不无道理。企业家本身就是一个具有社会属性的称谓，从其诞生之日起，就与"社会问题"有了天然的、不可分割的联系。

罪恶与义务

自从你建立企业，成为执掌一个组织群体的企业家，你就不再是单独的一个人，不再是"一人吃饱全家不饿"，就像一个人结婚生子，就要担当起整个家庭的责任一样。一个企业就是一个大家庭，作为这个大家庭的家长，你重任在肩。

而企业离不开社会，作为社会肌体的一个细胞、一个重要的组成部分，企业与社会是"命运共同体"。如鱼水共生，社会问题时时刻刻影响着企业的生存与发展。社会是企业的源泉，企业是"社会公器"（松下幸之助语）。每个企业须各负其责，如若不然，则会扰乱经济秩序，影响社会的健康发展。假使一个企业对社会问题置之不理，终将延祸于己，所谓"城门失火，殃及池鱼"。

其实，很多社会问题都与企业有关，往往也是企业引发的后果，譬如环境污染、食品安全、假冒伪劣、房地产泡沫、市场垄断、股市暴跌等。一个企业，即便是属于管理经营出现问题，造成怠工、罢工、裁员，甚至跳楼等事件，也会给社会带来更多隐患。而企业的兴衰成败取决于企业家的引领，企业的问题归根结底是企业家的问题。某些无良企业家的罪恶，也正是社会问题的元凶。

当然，我们相信大多数企业家是有良知的，他们关注着社会问题，寻求着解决办法；他们饮水思源，存养天理，既然企业的利益来源于社会，他们更乐于回报社会。他们把解决社会问题视为不可推卸的责任，更是不能逃避的义务。

其实，企业之于社会问题、责任与义务方面，理论家早有评说。20世纪70年代中期，有人在对社会责任的界定时，声称它"是决策制定者在促进自身利益的同时，采取措施保护和增进社会整体利益的义务"。1976年的有关企业社会责任界定是为了解决企业由于社会责任所引发的全部或部分社会问题。有人认为CSR是指组织针对位居其中运作的社会，为保护和强化该社会所必须善尽的一套义务。还有的认为，社会责任是企业在法律规定以外，解决社会问题所扮演的角色。在近年的企业社会责任解读中，有种综合性的说法：履行社会责任是企业应尽的义务。

从个人问题到社会问题，从社会问题到应尽义务，企业家与社会之间的关系日趋密切，企业家社会化也成为企业与社会发展的关键。

在我们全球社会企业家生态论坛上，中国入世首席谈判代表龙永图先生说：

"我们的企业家有一种责任和义务，让更多的人民实现他们自己幸福生活的目标，让他们有更好的医疗、更好的教育、更好的社会保障，住更好的房子，能够享受更干净的水，更清洁的空气，更安全的食品，所以在这个方面，我们的企业家大有作为。我们可以在目前的情况下创造更多的经济增长点，参加养老的事业，参加教育的事业，参加医疗的事业，参加各种能够提高人们幸福生活的事业，包括文化、娱乐、体育的事业，如果这样一些服务产业能够发展起来，就能够全面地满足我们人民追求幸福生活的目标，这也是我们企业的重大的社会责任。"

第五章

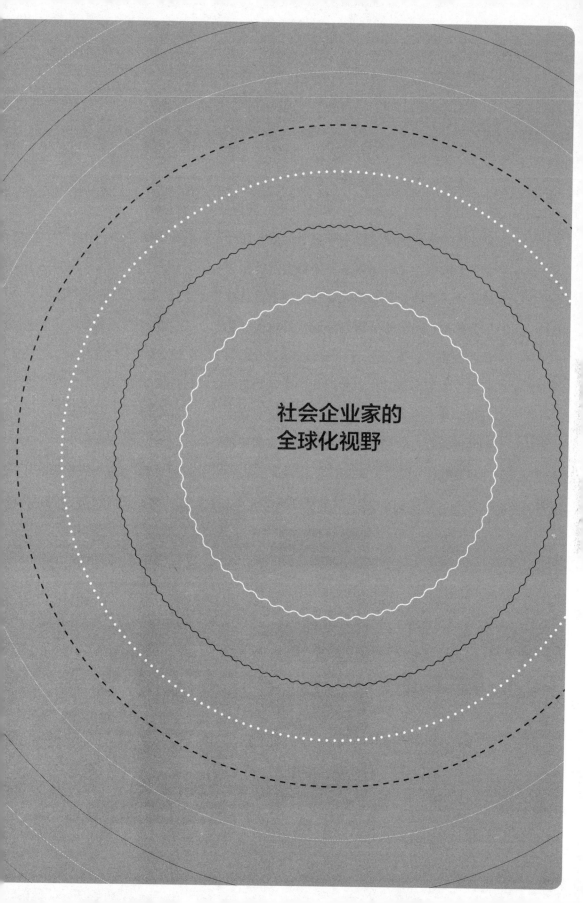

社会企业家的
全球化视野

格局有多大，舞台就有多大。心有多大，世界才有多大。在经济全球化的今天，企业家需要有更加宽广的视野和海纳百川的胸怀。企业家如何在全球化浪潮下成长起来？在社会资本的视角下，如何改变公信力不断缺失的困境，构建社会公信力和社会企业可持续运营模型？如何依据国内外时代环境的变化和客观需求，发掘社会企业成长驱动因素，把握企业生命周期，以全球化的既定趋势为框架，履行企业社会责任，促进企业与社会的共同发展？这些是当下社会企业家面临的主要问题。

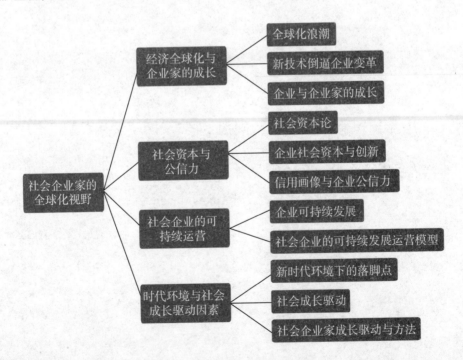

经济全球化与企业家的成长

互联网的飞速发展加快了经济全球化的步伐，并形成了一股不可逆转的洪流。以信息化、市场化和跨国化为特点，开辟了广阔的前景，与日俱增的全球性资金、技术、人力与自然资源的利用和优化配置，机遇与挑战并存，也给企业家提出了与时俱进的新要求。

全球化浪潮

在企业家社会化的进程中，我们的眼界已经不能再局限于一城一省一国，跨国贸易、资本、人力、技术、服务等方方面面的互联互通在全世界范围内形成了一个多元化、多维度的整体，勾勒出这个时代的一个"全球化"的特征。

全球化（Globalization）概念早期出现在20世纪40年代的英语词典中，"二战"后逐步应用起来。20世纪60年代末70年代初，它从社会学和政治性的报告中脱颖而出，以其时罗马俱乐部的报告《增长的极限》和《人类处在转折点》最为有名，在那个人们沉浸于西方低通胀、高增长的"黄金时代"，许多专家学者从全球视角提出人口、工业化、资金、粮食、资源等"全球性"的问题，给以当头棒喝，并得到了社会的普遍关注，从而助推了"全球化"思潮，在20世纪90年代之后遍地开花，延续至今。而经济全球化则是推动全球化的主动力。

其实，在人类历史长河中，很长时间，因为不发达的交通和通讯以及古人的认知限度，很少有跨海域的来往和交流的必要，被大海分割在各个陆地板块的人们各自为营，封闭式的自我发展导致了长期的封建没落，15世纪新航路的开辟打破了地理的束缚和彼此孤立、分散、隔绝的状态，全球化的进程由此开启了最初的悸动。随着殖民扩张、世界市场从雏形到形成，工业革命的深远影响，世界大战的摧枯拉朽，闭关锁国的落后自守、受辱挨打让国民痛定思痛，打开大门，增进外交互动，加大对外贸易，融入"全球化"的浪潮，直到"人类命运共同体"的倡议成为国际共识。

20世纪90年代以来，信息革命广泛深入，互联网异军突起，飞速发展，它把我们这个世界变成了"鸡犬相闻"的地球村，网络带来的便利，大大推进了经济全球化（global economic integration），人们足不出户地购物、聊天、观光、接收天南海北的信息。虽然还出现了许多"逆全球化"（又称"去全球化"）的现象，但是全球化已然是经济发展不可逆转的潮流。

新技术倒逼企业变革

生活领域的数字化，成为社会的数字化与全球化的推手，同时也倒逼着企业的数字化与全球化。网络时代的经济全球化，构建起了全新的商业模式——如 B2B（Business to Business，即企业对企业的电子商务）、B2C（Business to Customer，即企业对消费者的电子商务）、O2O（Online to Offline，即线上对线下的交易）、C2C（Consumer to Consumer，即个人对个人）、F2C（Factory to Customer，即厂商直接对消费者的电子商务）、SNS-EC（即社交电子商务）等，也打破了企业属地与空间的局限。互联网企业风起云涌，传统企业受到了巨大的影响与冲击，同时也意味着全新的挑战与可能（机遇），并且正在发生转型、裂变与重构。

有人说，经济全球化实际上是企业家的全球化。此话不无道理。企业家是经济活动的主体，面对信息网络化、竞争全球化、全球市场化，从技术、资金到服务的广泛合作，呈现出多极化的多元碰撞交融共享的新天地；世界的互通（四通八达）提供了巨大的选择空间，也滋生出更多的不确定性；全球经济格局与价值链的重构，深刻改变着社会生态。你跟不上时代的脚步，无法与时俱进同步成长，就会落后而被淘汰出局。

在过去十年，互联网彻底颠覆了人们的传统生活。腾讯颠覆了固有社交，改变了人们的沟通方式；淘宝颠覆了实体店（传统零售业被倒逼着触网），改变了人们的购物方式；余额宝颠覆了传统银行业务（传统金融业被倒逼着改革），改变了人们的存钱方式；微信、支付宝颠覆了现金交易，改变了人们的支付方式；滴滴、摩拜颠覆了老式交通，改变了人们的出行方式和共享观念；APP 包揽了"衣食住行"各领域，也随时都有可能被淘汰。从人工智能、物联网到 5G 网络，科技与产业模式的进步，正在不断赋予社会变化以全新的加速度。

曾几何时，红极一时的柯达、诺基亚、摩托罗拉，如今黯然失色，柯达管理层作风保守而反应迟钝，依赖落后的传统胶片部门终告破产；诺基亚因高层的洋洋自得抱残守缺，营销模式与技术创新滞后由盛转衰；摩托罗拉反应缓慢未能跟上移动互联网的步伐而雄风不再。

有人说，企业做不好，唯在于无知。这样的案例不胜枚举。德国爱克发转型太慢宣布破产；黑莓没有跟上科技创新的脚步，从主流市场消失；美国在线不思进取不谋创新被 Verizon 收购；借卖网技术不过硬，遭黑客恶意攻击无法恢复……

时代在前进，社会在变化，随着互联网的全面普及，电商的迅猛发展，全球化的侵袭，传统企业开始被改造、转型和升级，而那些遭遇困境来不及转型的，在微利的空间里苟延残喘，不变也难逃劫数。

马云说，不是互联网冲击了各行各业，是对互联网的无知冲击了各行各业。

新技术不是消灭传统企业，而是推动其转型、升级、创新，创造更好的企业。这就需要我们的企业家顺应知识经济的时代潮流，具有全球化意识和视野，不断汲取科技新知，勇于开拓创新，把握企业未来的发展方向。

在我们全球社会企业家生态论坛上，联合国工业发展组织前总干事卡洛斯先生说："许许多多的新科技开发等待在下一个十年里成为下一个大世界，如基因组技术、机器人技术、能源储备技术和可持续能源、3D 打印、云计算和人工智能。在企业和社会中，这些新兴技术任何一项都潜藏着巨大的颠覆力量，必将引发重大突破。"

优势资本的掌门人吴克忠先生说："为什么美国企业比较值钱？今天投多少，明天投多少，都用来积累某一个核心技术，这个核心技术总有一天会突破市场，它在不断地沉淀价值。市场的价值很难沉淀，技术的价值比较容易沉淀……很多人在投资可以看到资金比项目多，为什么投不下去？就是因为企业家现在看的只是短期如何使它更赚钱，没有转变最重要的思路。投资者关心的不是怎么赚钱，而是你沉淀了哪些价值，沉淀了哪些未来的价值，这个未来的价值能够给企业家带来回报。企业家不关心你今天分多少红，而是关心你今天、明天、后天之后的价值沉淀在哪里。"

原清华控股有限公司董事长徐井宏先生说："在这样一个时代，我们会看到最明显的事情就是科学技术，在比以往任何一个时代，任何一个阶段，都以更加快的速度变化着、发展着，甚至在爆炸着。互联网和移动互联网的广泛应用，也就是近几年的时间，但是我们看到的不仅仅是一个技术，它带来的是一场革命。就像当初的蒸汽机的发明和电的发明，带动了人类社会从农业走向工业社会一样，计算机和互联网的出现，带动了我们进入一个全新的时代。这样一项革命的技术，让时间和空间的概念发生了根本性的变化……在这个世界上很多的技术，都将在未来的若干年内彻底改变这个世界的形态，乃至人类的生活方式。除了互联网技术以外，智能技术将是对人类未来生活的一个更大的改变。它将更多地取代人的自身。生物技术，有人预测十年以后人们的寿命将得到进一步的延长，未来活到 150 岁将成为一个常态，所以在这儿首先告诉大家，要健康，怎么也活过十年，十年之后，新的基因技术也好，干细胞技术也好，进一步的发展，将使未来今天我们看作可以让人类走向衰亡的一些疾病不再是一个难题。那么航天技术、海洋技术等，如果大家有机会能够到世界那些真正的创新技术的地方去看一看，会给你巨大的震撼。"

纷享销客创始人罗旭先生说："在人类没有开蒙的时候，思想改变世界，当思想底细逐渐成熟的时候，科技日新月异的今天，往往是基于优秀思想引领下的技术在改变世界。"

企业与企业家的成长

有一本书叫《终身成长》，它坐镇美国亚马逊心理类畅销榜 10 年，比尔·盖茨撰文推荐。卡罗尔·德韦克（Carol S.Dweck）博士在这本书里，对成长型企业的成长型企业家做了分析，发现他们不会强调自己在金字塔的顶端，不会掠夺他人之功，也不会靠刻意贬低他人来显示自己的强大，相反，他们不断尝试进取，寻找有能力的人，仔细审视自己的不足，询问公司在未来需要的技能。

作者叙述了与成长型企业家相反的具有固定型思维模式的领导者的特点，他们有着强烈的自我意识，只关心个人是否伟大。在管理上，他们固执地相信天才；在地位上，他们想成为企业中唯一重要的人，这样才能突显自己高人一等；在表现上，他们急于展示自己的优越，甚至利用下属来证明。如果他们在团队中无路可走，就容易陷入这样的心态：有什么比你离开公司后，它就四分五裂更能证明你的伟大呢？

作者以李·艾柯卡个人英雄主义的自负为例，这位前福特汽车总裁以功臣自诩，被优越感蒙蔽了双眼，直到被请出公司，之后转到克莱斯勒汽车任 CEO，虽然一时让这家濒临破产的车企起死回生但受固定型思维的驱动，倾力打造个人形象，用钱讨好华尔街提升公司股价，却不愿把资金投入在新车设计和提高生产上，终使克莱斯勒汽车陷入窘境。其时，艾柯卡除指责和找借口之外，还因害怕下属出风头，拒绝批准新方案。最后，董事会解雇了艾柯卡。另外两个例子是阿尔伯特·邓拉普自诩为其行业的超级巨星，夸大公司收入，最后被公司解雇；还有安然公司的创始人肯尼斯·莱和 CEO 杰弗里·斯基林都不过是"屋内的聪明人"，最终淡去。

作者又以善于倾听、信任和培养的通用电气 CEO 韦尔奇和善于倾听、坚韧而怀有恻隐之心的施乐 CEO 安妮·穆尔卡希为例，说明了成长型思维模式领导者的行为方式。他们相信人的潜能和发展力，无论是看待自己还是他人。在他们眼里，公司不是突出自己优越性的工具，而是可以促进成长的发动机。他们摒弃特权，而专注于带领公司奋斗的历程。作者也进而否定 CEO 等同于男性的说法，和群体思维的固化，否定了谈判技巧、管理才能和领导才能是天生的论调。认为这些都是能够后天培养的。从而归结到企业需要成长型思维模式的企业家。

我们知道，企业家的成长对经济的发展至关重要，企业家的成长也是企业成长的关键所在。早在 20 世纪 50 年代，以"企业成长"作为研究对象，以单个企业为标本，在"剑桥学派"的差异分工之说（1920）的基础上，便有基于资源的内生成长论（Endogenous Growth Theory）提出，与以往新古典经济学的规模报酬、横向与纵向一体化正面交锋，也不同于新制度经济学派（New institutional economic school）的交易费用理论（1937），一个眼中的企业是市场上的交易单位，一个则视企业为行政管理组织，一个成为内部化理论（theory internalisation）之父，一个成为资源理论（resource-based theory）之母；后来拓展了资源内生长论，提出建立在特殊资源使用基础上的战略优势，以及现有资源与新资源开发之间的均衡，企业的成长须打破利用这种均衡。

1962 年提出的"现代工商企业成长论"强调基于技术、功能和管理的"组织能力"，并提出了与"看不见的手"截然相反的"有形之手"的论点（正是这一论点给提出者带来了巨大声誉）。管理主义的企业成长论则将企业成长作为企业目标，它在实证现代企业所有权和控制权分离命题之后，摆脱了以企业管理者与所有权为同一人的专制风格的古典管理理论框架，走向"理性经济人"的人性假设，强调管理至上、工具理性和效率中心；有人以不确定预见的经济学公理质疑了新古典的最优化假设只是一种理想的抽象（1950），并提出了企业种群的进化机制；在进化与动力机制等论说基础上，人们拓展并建立了一个完整的经济变迁的演化理论（1982），他们以惯例为概念核心，将企业的成长视为遗传、变异和选择不断循环的过程；竞争优势论（1985）起初以成本领先、标新立异和目标集聚三战略提出，后来又创立了价值链理论，揭示了决定企业竞争优势的价值链优化体系；作为"新制度经济学"的命名者，学人以交易为分析单位，分析了企业垂直一体化过程中对市场的替代之后，组织结构演变以及效率问题，其从资产专用性、不确定性和交易效率三个维度定义了交易费用，在此基础上提出了企业边界确定的原则，认为企业是一种连续生产过程的纵向一体化的实体；还有人以知识为核心概念，提出企业知识论（1988），随后他把企业比喻为知识大库房，认为知识决定着企业的创新和发展，并对产权问题深入阐述，因而成为产权学派和新制度学派的代表；更有以拟人化的比喻创立的企业生命周期理论，从恋爱期、摇篮期、成长期、青春期、全盛期、稳定期、贵族期、前官僚期、官僚期直到衰亡，其认为企业在不同阶段须克服其阶段性的问题才能顺利成长。

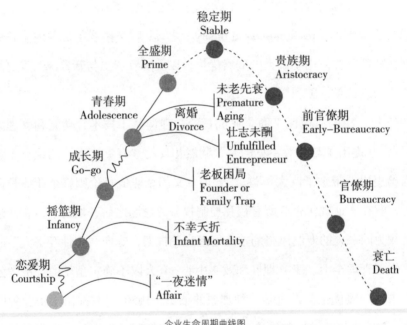

企业生命周期曲线图

核心竞争力（1990）的提出，一度掀起了热潮，人们探究了核心能力对企业成长的重要性，认为"核心竞争力是企业持续竞争优势之源"；建构了组织知识转换的 SECI 模型（1991），提出"知识螺旋"和内隐知识（Tacit knowledge）论，将其视为企业竞争优势的源泉。今天，我们常说的"知识管理"多半就源自这一建树，提出者也因此有了"知识创造理论之父"和"知识管理的拓荒者"的称誉；有人将异质（差异）视为部分企业保持竞争优势的关键所在，提出战略性资源与 VRIO 模型，即价值（Valuable）、稀缺性（Rare）、难以仿制性（Imperfectly

Imitable）、组织（Organization）模型。

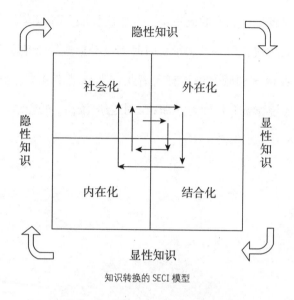

知识转换的 SECI 模型

1995 年，以产业环境中较之竞争对手的资源价值作为企业低成本成长的基础，提出了资源价值的评估标准；在顾客价值矩阵（Customer Value Matrix）和生产者矩阵（Producer Matrix）以及市场成长战略提出的同时，从资源学派导向的竞争战略理论体系对企业核心能力的开发与使用加以考量；另有深入动态能力学说，就能力周期（Capability Cycles）与动态资源本位企业观加以论述（动态资源论，2003），将企业拥有资源的异质性与动态特征视为推动企业持续成长的根本因素……

在企业坊间说到最多的其实还是"学习型组织"，这个管理概念源自《第五项修炼》一书。该书自问世以来，几乎成了企业界的口头禅，同时也成为众多学者的研究论题。以构建学习型组织的理念推动企业成长，一时间传为美谈。从传统的索洛 – 斯旺增长模型（Solow-Swan Model）到罗默模型（The Romer Economic Growth Model），总而言之，每一步之于"组织学习"都紧密相关，论证有目的的学习，是企业成长的内生变量，俨然成为新成长理论的精髓。

如今，我们都在研究企业成长的逻辑，其实究其根底，企业的成长在于企业家的精神成长，或者说企业家的成长是其企业成长的主导因素。

而对于企业家的成长研究虽然很长时间都没有形成一个独立系统的专业理论体系，但也分散在诸多领域之中，有人借此整理总结出九大流派：1. 特性学派；2. 创业学派；3. 环境学派；4. 行为学派；5. 社会学派；6. 机会学派；7. 动机学派；8. 能力学派；9. 人力资本学派。

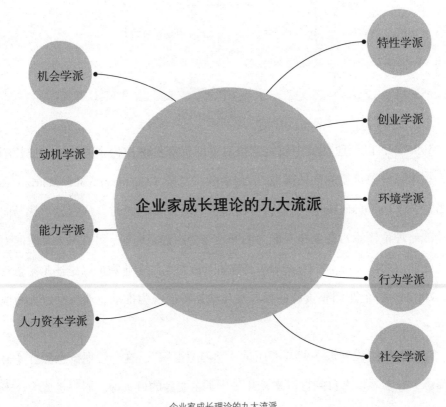

企业家成长理论的九大流派

在 20 世纪 80 年代浪漫化的企业家特性分析中，过于强调功名心、自制力、创新力和冒险精神等个体品性，仿佛具有这些品质之人就可以成为企业家，甚至脱离实际，冠以宿命，于是遭到了学者的批评。另一方面，也有学者肯定那些成就趋向、冒险倾向和创新偏好等心理倾向视为企业家的行为先兆（Stewart，1998），或者运用班杜拉（Bandura，1977）认知理论中的自我功效（self-efficacy）来预测个体成为企业家的可能性（C .C .Chen，1998），或者把特性与环境、行为并列，作为企业家的三个交互作用的因素之一（Fred，2000）。

当 SWOT 分析法——优势（Strengths）、劣势（Weakness）、机会（Opportunity）和威胁（Threats）提出，并被诠释发展为 SWOT 矩阵，便有学者应用 SWOT 分析企业家心理特性，进行新创企业的研究。人们分别将企业家的行为或者特性、经历，与组织或经济环境的彼此作用作为其重要因素，或者提出企业家的技术秘密、首创精神、机会获利性、企业秘密四个新创企业要素；对于具体行业的分析，则让人做出成长规律可预测性的解释，以新技术、新市场、政府管制的解除或转移为其潜在刺激因素。

与此同时，对于企业家成长外因的相关研究渗透到不同的地域，如以墨西哥企业家为对象的，以俄罗斯、乌兹别克斯坦、白俄罗斯企业家为对象的私企调查，是继前者之后，都把环境作为切入点的。到了世纪之交的 2000 年，更明确地以政治、经济、文化、法律、政策、金融等不稳定性、非正式、不发达和不规范的一些环境议题作为转型经济中影响企业家成长的因素。

时人从行为角度入手分析企业家的成长，从非均衡经济人力资本、内生性到认知，有着不同的思考基点。

有些人更关注企业家的社会文化背景，或从社会群体、社会角色、社会特征来区分，从社会环境看企业家对机会的利用；或相继专注社会网络对企业家角色建立的影响；或以个体与区域企业家活动量的关系框架引出企业家作为整体经济活动催化剂的推论。

对机会的发现和把握也是企业家成长的一个要素，有的以其创造的内生化，判定机会来源，与表现在 20 世纪早期的熊彼特式的企业家机会形成互补；也有人就"有利可图的机会"以及"进取心"的驱使为线索来延续研究。

有些人主要针对企业家的行为动机来分析，或形成企业家个体与环境互为作用的函数；或以环境、个体、组织链接企业家行为形成新的概念模型；或将财富、权力和声誉视为企业家成长报酬结构中的最大化效用；或将决策战略创新检验反馈等纳入以个体特性、目标和环境等为因素的企业家成长的动机模型；或以获取正净值为企业家目的，构建了个体成为企业家的模型；或藉期望效用构建了企业家动机的经济模型。

与此同时，对于企业家能力的关注，也一直伴随着学者的研究，从创新职能资质、洞察力、价值生产力到不确定性问题决策力、处理不均衡能力，从先天禀赋到后天养成，从一个基本水平到动态变量，差异化的企业家能力及其拓展空间决定并呈现出差异化的企业成长绩效。

此外，资本的非同质性假设，延伸出某种通过实证剖析的基准，从 1983 年首次将人力资本引入现代企业制度，企业家人力资本被其作为"经理知识能力资本"的核心，及至参与到 21 世纪的全球化竞争，面临成长的新机缘，全球化成长视角的价值体系研究，通过一系列概念和模型的构建，开始了新一轮的沉积。

社会资本与公信力

经济全球化的背景下，社会资本的涌入和参与，促进了个体与社会的发展，推动着社会变革，同时也出现了区域社会资本的流失、社会网络断层、互信缺失和行为失范的不利局面，社会企业家如何引导引入社会资本，同时构建社会公信力也是当务之急。

社会资本论

在过去的二十年间，"社会资本"已然成为一个持久的热门话题。随着社会的风吹草动，它们时而蜂拥而上，时而陡然衰减。它们来自四面八方各行各业，曾追逐过房地产、股市、文化产业、旅游开发、生态养殖、绿色农业、新能源、数字创意等领域，甚至一些产业拐角地带，譬如 2012 年下半年，民间资本流向正处于十字路口，生态甲鱼产业蓦然热情高涨，来自房地产、外贸、金融等各路社会资本便涌入其中……

在一些产业或新蓝海或一段时期内的巨大商机成为各类社会资本跃跃欲试竞相追逐的目标而此起彼伏的同时，社会资本也受到了一些创业者、一些新兴项目和企业的广泛追逐。在追逐利润的过程中，社会资本也创造着物质福利和精神福利（心理福利）。

其实，我们经常看到的这些经济资讯里的"社会资本"多半是指一些具有资金的投资群体（或联合体）、机构（投行）和个体，有时更具体到具有法人资格并有效存续的企业、各类基金、金融投资机构、建筑商、运营商、外商等。

在网络化、全球化的经济语境下，打破地域国界的关系，分组、交叠、流动、多变，因而使社会资本几成流行的狂热，其影响力空前提高，其内涵与外延也远非像社会流动资产资金那么简单，它从实体物质到非物质（譬如将信任描述为一种经济意义上的社会资本），其历史源流、展开的脉络呈现给我们一个广阔的空间。

虽然社会资本作为一个概念诞生相对较晚，但事实上，古往今来它一直存在，它是"个体或团体之间的关联——社会网络、互惠性规范和由此产生的信任，是人们在社会结构中所处的位置给他们带来的资源"，从这个定义来看，我们会发现其实我们每个人、每个团体都有潜在的和显见的社会资本，可谓各有千秋。狭义上的现实通俗地解释一下，就是人脉背景或者说人情关系。

重新审视学界对社会资本的一个双向定义，我们会发现这个概念具有相对和绝对的两重性，就个人而言，它是指个人在一种组织结构中所处的位置的价值；于群体而言，社会资本则是指群体中使成员之间互相支持的那些行为和准则的积蓄。

当我们更为具象地从经济学的角度来看，这个炙手可热的词汇从社会关系的历史顺延、认知维度、价值观念、行为规范中找到了一个道以统之的位置，囊括了这些元素，从物质资本（古典经济学，亚当·斯密所说的固定与流动资本及其象征物）到人力资本（新古典经济学，舒尔茨与贝克尔将资本的概念从具体物质形态向广义抽象扩展）再到社会资本（暂不论自然资本），一个以交互关系为基础的资本演进的强势因子融入了社会企业的文化框架。

"社会资本"一词最早出现在 20 世纪初叶社会学范畴的文本中，1916 年，在一篇描述乡村学校共同体中心（社区中心）的文章中用了这个词，来指涉能使房屋、私人财产、金钱等有形资产在人们日常生活中体现更大价值的东西，包括善意、友谊、同情心和社交。

1961 年，一名作家发表了《美国大城市的死与生》，书中运用"社会资本"一词，来表述城市规划发展中的密集社会网络形式及公共安全。

1977 年，《种族收入差别的动态理论》一书借"社会资本"一词来批评新古典经济学在种族收入不均的研论中对人力资本过犹不及的注重。20 世纪 70 年代中期到 90 年代末期，追求关系主义方法论的学者一直试图克服具有社会理论特征的对立性并后劲十足，提出"场域""惯习"和"资本"三个核心理论，"社会资本"作为其资本理论的三种形式之一，与经济资本、文化资本并行，被其视为公认的社会关系网络，通过"象征性的建构"转变为持久稳定的体制化的关系。

1988 年，经济学新制度学派的代表就社会资本进行了系统的理论分析，意图借此理论框架分析社会结构并建立社会学理论中宏微观之间的连接，引入人与人之间的关系，摒弃和修正纯粹个人主义方法论的假设，社会资本被视为为了实现某些目的的生产性因素，是藏于社会结构中的、基于信任的关系资源。

1992 年，伯特提出结构洞理论。结构洞理论与强弱联结、社会资本合称为社会网络理论的三个核心，其将朋友同事等普遍的联系作为社会关系网络中获得的一种可资使用的资源，这种资源就是社会资本，而企业也是社会资本的拥有者，他首次将企业引入社会资本，社会资本从而从个人层面拓展到了企业层面，以致后来有了"企业社会资本"（Gabbay，1999）的概念。

另有将社会资本界定为社会组织的特征，譬如信任、规范等，并将其与公民社会和民主联系起来，称"建立社会资本并非易事，却是使民主得以运转的关键因素"，由此他进一步将社会资本从个人层面上升到集体层面，并引入政治学的研究范畴，将其理论推向研论高潮。

1995年，一个对社会资本的界定是"处于网络或更广泛的社会结构中的个人动员获取稀有资源的能力，它并非个人固有的，而是与他人关系中包含着的一种资产"。

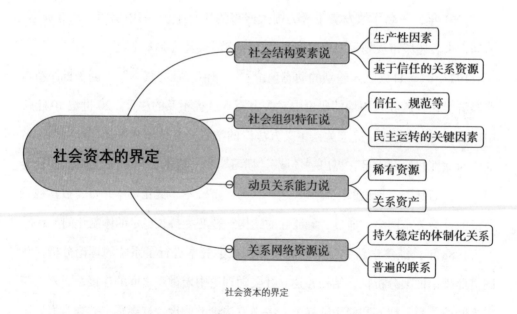

社会资本的界定

其实，从字面上看，资本社会化了，就成了社会资本，但并非所有资本都能社会化。社会资本更具有公共属性，而非个人特性。私人资本社会化的演变是必然规律，只有社会资本蓬勃发展，并有效应用起来，社会经济才能保持健康永续。作为一个个体，将个人资本逐步转化为社会资本，才会获得更多的机会与发展空间，这也是很多创业者成为企业家的一个重要过程。正如"比较制度分析（CIA）"学派所言，社会资本可以由个人投资，个人为了从中获益，必须通过社会交换对此进行投资和维护。

当私人资本转化为实实在在的社会资本，也才是正式进入企业的形成与发展的初级阶段。而企业作为社会资本方，在集聚人力资本的同时，也有了更多更大的机会参与到更多更大的社会经济项目（也不乏融资和剥离债务等）中去，获得更好更长远的发展。

另外，值得一提的是，2007 年，洛克菲勒基金会首次提出了"影响力投资"这一概念，倡导资本通过有经济效益的投资来做公益，投资成功与否取决于是否达成解决社会问题或需求的既定目标。商业向善、公益市场化的理念推动下，影响力投资也打上了中国印记，方兴未艾。

企业社会资本与创新

以高科技企业为研究对象的"结构洞"理论于 1992 年提出以后，社会资本的概念便开始应用于企业方面。1997 年，嵌入企业的社会资本被视为源于个体或社会单元所占有的关系网络中的实际或潜在的可利用资源，并对其所包含的三个维度（结构维、关系维和认知维）的正向影响加以说明，这是对企业社会资本的首次定向。1999 年进一步的拓展使企业社会资本的界定有了实质性的宽泛的内涵，人们将其视为"企业通过社会关系网络所获得的能够促进其目标实现的有形或无形资源"。后来，诸多论者在有形与无形之间徘徊论述。

1999 年，有人从组织内求的视角，把企业社会资本视为"反映企业内部社会关系特征的资源"。有人做出了综合性的表述，突出无形资源创造竞争优势和超额利润的作用（关键因素），并将企业喻为各种资源的蓄水池。

其实，一个企业组织的形成，本身就具有了某些天生的无形资本与有形资本，二者相辅相成，形成了内外兼修的社会资本，根植于社会网络之中。这些首先在于企业家的人际网络，可以说，企业家的社会网络（社会关系）是具有重要意义的社会资本，甚至成为一个企业的命脉。而网络经济与全球化的挑战带来了更多的选择和可能，也迎来了更多的机会与挑战。在你选择吸纳和借助其他社会资本进来的同时，也随时面临着被淘汰出局的命运。这就在于企业家完成原始资本的积累创办起企业之后，是否能稳定保有其优良的社会资本，并不断扩展和增值，同时更要懂得改良甚至淘汰固有的负面的社会资本，规避不良的社会资本，这是企业社会资本在自我纯化、吐故纳新、优进劣出中应当掌握的分寸。

关于企业社会资本的定义，有一种说法是"企业通过纵向联系、横向联系和社会联系获取稀缺资源的能力"。这种能力说更趋向于企业的外部关系资源。我们说企业社会资本有内外之分，企业本身也是一个小社会，从内视角度看企业社会资本有利于企业的自我积累、审视、鉴定、修正、改善、提升、更新，它包含了企业文化资本、知识资本、人才资源、群体与个体关系网络资源，以及核心能力、凝聚力、合作力、执行力等，当企业内部社会资本通过优化配置形成一个强大的系统，并不断增厚，呈现和充分发挥其力量，有的放矢，减少和避免内耗，才让企业外部社会资本看到价值，可资推动，从而互为支持回哺，使企业更为强大起来。

企业外部社会资本囊括了其外在的种种纵横交错的社会关系网络，包括企业的上下游合作伙伴（供应链上的相关企业单位）、客户群体、媒体，甚至金融机构和监管方（相关政府职能部门）等，更重要的是这种关系网络形成和积累的彼此的认同、协作和互利性，推而广之所形成的如企业品牌效应、社会声誉、社会信用等。

一个企业的发展有赖于各种资源的有效组合，在这期间，企业社会资本发挥着重要作用，它具有降低成本（信息成本、科研成本、人力成本、交易成本等）

和风险（信用风险、市场风险、操作风险、流动性风险、政治风险、战略风险等），带来更多机会（交流机会、项目机会、业务机会、合作机会、资源开发机会、趋势型机会、投融资机会等）和效应（如衍生效应、互动效应、网络效应、宣传效应、集群效应、规模效应等）。

不过，企业社会资本永远存在着不稳定性和较强的变动性，尤其面对经济全球化的影响。如何使企业社会资本保持相对稳固并不断扩大与增值，这便需要建构一个三维磁场，那就是"声誉磁场""人才磁场"和"创新磁场"。

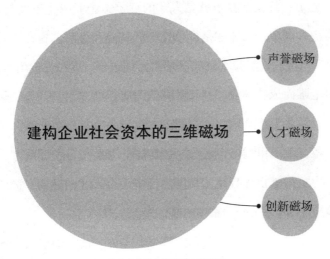

建构企业社会资本的三维磁场

企业声誉的概念自 20 世纪 80 年代开始就有研究者给出了不同的界定，被称之为源自企业以往行为而形成的一种特性（Weigelt and Camerer，1988）或一种整体的认知判断（Herbig and Milewicz，1993），再有就是个体对企业满足程度的集合体（Wartick，1992），后来有学者对声誉的描述不仅局限于过去的行为，还加上了对将来的展望，这两者对所有利益相关者形成的整体吸引力就是企业声誉。这一定义得到相对普遍的认同。另有学者从情感反应的角度称其为所有利益相关者对企业的整体估计（Fombrun），或从认知角度称其为利益相关者对企业特性的评价（Gray and Ballmer，1998），而将个体认知和情感因素两者结合就构成了另一种观点（Hall，1992）。

声誉如同磁场，吸引着利益相关者，并从而产生磁场效应，影响着企业的发展，最典型的案例就是众所周知的海尔砸冰箱，砸出了一个世界品牌。声誉是企业无形的社会资本，它既能贬值也能升值。精益求精，树立起良好的声誉，做到有口皆碑，才能让企业处于不败之地。

人才是文化、科技的载体，是企业发展最重要的资源，这是共识。国力的竞争就是人才的竞争，科技的竞争就是人才的竞争，企业的竞争就是人才的竞争，百舸争流的经济大潮中，人才才是竞争优势的基础和保障。古往今来，人才都是富国之本、兴邦大计。文王拉车请姜子牙而兴周灭商，秦孝公重用商鞅变法强秦，秦昭王五跪得范雎而成就霸业，刘邦拜韩信为将建朝立汉，刘备三顾茅庐请孔明而天下三分……随着经济全球化，全球人才资源争夺战日益激烈，人才的流动性也不断加大。各自栽下梧桐树，抛出各种橄榄枝，招才、引才、育才、选才、量才，猎头涌现，人力资源被提到战略的高度，打造一个人才的磁场，形成引力，充分释放"磁场效应"，成为企业的重中之重。

人才管理被相对普遍地视为企业的核心竞争力，而在吸引人才的同时也要不断优化，避免人才流失，保持"人才磁铁"永不"退磁"。

创新是社会进步的核心动力，更是企业发展的原动力。吸引培育人才，也正是为了创新，人才是创新之本，如果说人才是第一资源，创新就是第一动力。

关于企业创新理论的研究始于20世纪初叶。1912年，《经济发展概论》中首次提出现代创新理论，称之为"建立一种新的生产函数"，即"生产要素的重新组合"，他把创新分为新产品特性、新技术（生产方式）、新市场、新供应源、新组织形式5种情况，依次对应了产品创新、技术创新、市场创新、资源配置创新、组织创新（可以看作狭义的制度创新）。其创新理论的基本观点是：1. 创新是生产过程中内生的；2. 创新是一种"革命性"变化；3. 创新同时意味着毁灭；4. 创新必须能够创造出新的价值；5. 创新是经济发展的本质特征；6. **创新的主体是"企业家"**。

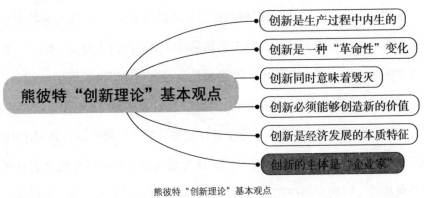

熊彼特"创新理论"基本观点

20世纪中叶以来，对熊彼特观点的论证和拓展，形成了"新熊彼特主义"和"泛熊彼特主义"。新熊彼特派的研究范式分化为技术主义和制度变革，技术僵局论，有着与熊彼特同样的观点，即根本性创新会以集群形式出现，其长波变形模式继承和发展了熊彼特的长波技术论，并指出，对新事物的抵触进一步影响了产业萧条，萧条的影响之一是削弱了公众信任旧格局反对新事物的想法。

创新生命周期长波论，将基本创新分为介绍（引进）、扩散（增长）、成熟、下降（衰落）四个阶段，分别对应经济长波的复苏、繁荣、衰退、危机。有人从垄断竞争的角度分析，提出了对技术创新最为有利的市场结构论。倾向于工业创新的研究者，界定在新技术、工艺的规范化和商业化过程（1973），后来又修订为新产品、新过程、新系统和新服务的首次商业性转化（1982），并从技术创新与劳工就业关系角度研究长波（劳工就业长波论），还提出了国家创新系统的概念（1987）。侧重于产品创新的研究者，提出了技术模仿论，解释一项新技术被该行业的多数企业采用的时间概率。有些人将产品创新视为企业家长期行为的首要任务（1982），并就经济演化模型的建立做了新的尝试，对企业的行为进行了更为详细的理论演化分析，因而他们也被称为演化经济学家（狭义上的）的著名代表。而其后发展了演化论，在其技术范式概念的基础上进一步提出了技术轨道理论，并在后来（1995）提出了一个演化分析的层级框架。

技术创新"两步论"（即新思想来源与后阶段的发展），被认为是技术创新界定研究上的一个里程碑，其认为技术创新是经济增长的内生变量，同时，在新古典经济学框架内提出了一个著名的经济增长模型——索洛增长模型（Solow growth model），其证出经济增长路径的稳定性，和从长远看来只有技术进步是增长的来源。

有人把制度看作"内生化"变量，并将制度经济学与熊彼特创新理论相融合，率先正式提出了制度创新理论（1971），认为制度创新是能够使创新者获得追加或额外利益的、对现存制度的变革，促成制度创新的因素有三种：市场规模的变化，生产技术的发展，以及由此引起的一定社会集团或个人对自己收入预期的变化。还有"诱致性制度变迁论"等。

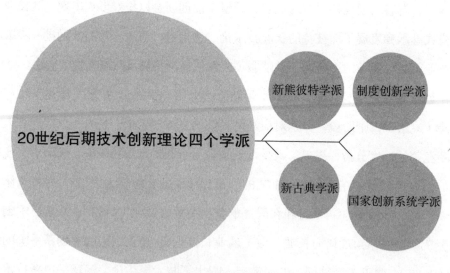

20 世纪后期技术创新理论四个学派

从技术推动到市场拉动，后来都归为创新线性模式，在过去的很长时期里，占据了人们对创新认识的主流地位。而全球化企业创新的实践则让这种线性模式不攻自破。

20 世纪 80 年代，简单的线性关系被否定（1986），链环—回路模型被提出，进而形成了对技术与市场相结合的综合模式研究理论，而其局限性，也促使人们将企业各种创新要素（如观念、文化、战略、技术等）加以整合，形成了整合模式。

20 世纪 90 年代初期提出的"创新网络"，与"第五代创新模式"——系统集成网络模式（前四代：技术推动、需求拉动、交互式模式、一体化连续模式）异曲同工。1997 年，"破坏性创新"理论卷起了一波学术浪潮，后来（2009）还提出"创新者的 DNA"，包括联想（associating）、质疑（questioning）、观察（observing）、试验（experimenting）和建立人脉（networking）五大"探索技能"（discovery skills）。

1998 年，"技术集成"（Technology Integration）一经提出便受到注目，提出者成为集成创新概念化的第一人。

21 世纪以后，生态的概念开始泛化，生态学理论被引入到企业创新理论中来，"创新生态系统"（Innovation ecosystem）率先正式提出了"协同整合机制的一种范式"，将诸多企业的创新成果整合起来，为客户提供解决方案。

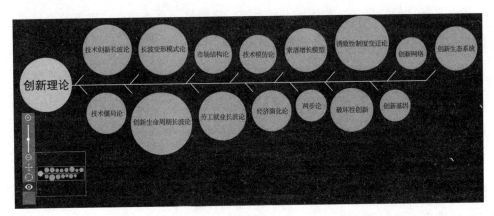

创新理论

创新的重要性毋庸置疑，它是一种能力，也是企业社会资本的要素之一，这一无形资本（创新力）是企业发展的新引擎，当它形成基因磁场，会使企业实现跳跃式成长。一个社会型企业必须建立起有效的创新机制，从人到物（设备、产品等），从有形到无形，从技术、文化、战略、制度、薪酬体系、合作到服务等，从内在到外在的机能和运转方式等，全方位的创新。"不创新，就灭亡"（福特汽车创始人亨利·福特语）。在前面我们提到过的柯达、诺基亚、摩托罗拉等其实都是因为缺乏创新而惨遭淘汰的。可见创新的重要性。构筑强劲的企业创新磁场，凭借丰富的资源、浓厚的创新氛围，不断突破，提升产业实力，打造创新蓝海、创业热土、创客家园，当创新形成强大的磁场，便迸发出高质量发展的新动能。

在我们"全球社会企业家生态论坛"上，英国前首相戈登·布朗先生说："我们需要这样的企业，他们意识到创新对未来是最关键的东西，他们需要成功的创新，如果自己成功，他们就可以赢得全世界，让全世界买他的产品……通过企业家技能创造出来的产品应该能够成为一种社会产品。很可能大家已经考虑到这一点，但是再次想一想，资金的提供、结构、法律基础、社会影响等，这就是我们前面的路。"

德国前总统武尔夫先生说："在德国，非常著名的企业不是来自柏林或者慕尼黑、汉堡，他们是来自德国的一些小镇，他们是来自小镇、小地方的小公司，但是他们的创新性特别大。他们很多都是百年老店，长期专注于一个领域，精益求精，就像一个放大镜下组装手表的老将一样，他们孜孜不倦追求的不是翻新，而是组装更加精简、精密、精细，质量更加精良。当然，稳健不意味着守旧。德国企业家将销售额的 4.6% 甚至更多地投入研发，这样的企业还有很多……据统计，德国人均专利申请数量是法国的 2 倍、英国的 5 倍、西班牙 18 倍，所以你应该不断地创新。比如说一个人在骑自行车，你不努力骑，你不动，你就会倒下来，企业也是这个道理。"

原清华控股有限公司董事长徐井宏先生说："真正重要的是中国的产业到底能不能够真正地升级，中国的发展模式，到底能不能够真正地转变。也就是能不能够从原来的要素驱动、投资驱动真正地走向创新驱动。全球有一个创新力的评价，目前中国大概排在二十几位，经济总量现在全球第二，如果按照一定的速度，可能再过若干年成为全球第一，但是我们的创新能力还在几十位的水平。我们看到我们自己的企业，真正地在原创技术、核心技术方面，能够和全球最一流的企业竞争的寥寥可数……企业的创新，主要是两方面的创新，一个是技术和产品的创新，一个就是你的发展模式的创新，这种模式的创新可以从很多今天成功的企业身上找到影子，相互的学习。"

法国前总统萨科齐先生说："我们错误地认为创新只在技术，这是错误的认为。对于企业家来说，整个生产流程、营销流程应该不断地适应市场的需求和变化，我们要认识到这一点，消费者在不断变化，无论是他们的品位、他们的挑剔，还是他们的期望。因此你们要适应这一切，不断调整。因此我们要强调创新，创新是关键所在，创新要不断地坚持，创新是我们对消费者不断变化的需求的回应。如果你们生产者一动不动的话，而消费者在不断地变化，那你们这个生产者相当于与死亡无异。我们要预期明天的技术，我们要不断地追求流动性，因为消费者在不断地变化、不断地流动。如果你没有意识到消费者的变化，就不能适应时代的变化，就不能有最好的战略。当我们是企业家时，要不断地改变自己的人生哲学，我们要改变自己，适应社会、适应消费者。"

远东控股集团董事局主席蒋锡培先生说："每一个企业不可能一招走天下，无论是机制、体制、管理都面临着创新，你需要用好的商业模式、顶尖的技术、一流的质量和服务赢得客户……"

全球中小企业联盟总裁王家卓先生说："同样都是满足消费者需要，不光是你一个，凭什么人家要买你的，不买其他的？差异化的实质就是创新，创新的实质就是差异化。很多小企业不能做技术创新，可以从售后服务开始。"

商界传媒集团总裁、资深媒体人周忠华先生说："有些时候我们可能把创新理解得更高端一点，什么叫创新？我想讲更朴素一点，凡是你没有干过的，你能够尝试把它干出来，我觉得对你个人来讲，对你的公司来讲，就已经是创新了。因为就是这种天不怕地不怕的决绝之心，再加上创新的精神，你一定能够真正意义上成就自我。"

腾讯公司副总裁马斌先生说："做创新，一定要从趋势当中寻找出你的战略选择。互联网也依托于二八定律当中的长尾原则，依托于可以降低成本的经济原理，依托于梅特卡夫定律的估值作用，依托于摩尔定律的创新，才有今天互联网的影响力，也就是心理世界的影响力……要想创新，今天社会当中万物互联的结果一定是通过创新才能做到超平均的利润价值……"

国务院原稽查特派员刘吉先生说："世界上，花钱买不来现代化，也买不起现代化，出路就是自主创新。在经济全球化时代，自主创新不是在封闭的系统里创新，所以我们在创新过程当中，要充分利用全球科技资源，有目标地引进国外先进技术，这是发展中国家赶超世界强国的捷径。只有站在巨人的肩膀上前进，你才有机会成长为巨人。"

信用画像与企业公信力

互联网的发展，带来了一个崭新的征信格局，从淘宝买家评语、大众点评，到芝麻信用、腾讯征信，到"信联"，信息的共享和迁移，让每个组织和个人的信用画像都有鼻有眼，社会信用评价体系正在形成和不断完善。我们似乎走进了信用社会，大数据征信时代扑面而来。企业的信用或者说企业家的信用在全球化的经济浪潮中开始呈现出巨大的价值和力量。

信用社交悄然渗透到生活的各个领域，我们的购物消费记录、租房信息、房贷车贷还款记录、水电燃气账单、信用卡账单、交易明细、职业信息，甚至于整个社交关系都登记在案（云端），网上可查，信用即将成为移动网络社会的经济身份证，更是企业家事业或者说企业的新增长点。信用的积累就是信任。于是企业的可持续发展有了一个新的重要指标，这就是企业信任度（Corporate Credibility）。

我们可以看出，信用评价很大程度上反映出社会的诚信状况，又能为公共信任提供制度保障。这种公共信任就形成了社会的公信力。在市场经济中，提高企业信任度具有长远而重大的意义，企业外部的信任度直接影响到企业的品牌形象和经济效益，这种信任度就是企业的公信力（Credibility），它是一种社会系统的信任。

信任是社会资本的重要因素，或者说，信任是一种十分重要的社会资本。"社会资本"论中提出过信任半径（Radius of Trust）的概念（见《信任：社会美德与经济繁荣》），通俗地说，假设以个体为中心或连接点，以信任程度为半径划出一个诚信圈子。就像"一石激起千层浪"的比喻，费孝通在《乡土中国》里有着那样的关系描述。

企业的内部信任多是基于经验、沟通和共同的文化目标的信任。企业的外部信任则在于企业的契约精神（履约能力）、用户体验（导向）、产品质量、技术水平、盈利水平、偿债能力、价值创造力等给人们（消费者、合作伙伴等利益相关者）的整体印象，同时，企业家的信用画像更是企业外部信任的基础。现在，我们也常听闻某某企业家陷入某某事件门因而致使其企业市值猛跌甚至倒闭的。而且，企业要发展，离不开企业家寻求更广阔的资源、合作和市场空间。这一切都需要基于"信任"的基础或者说有赖于企业家信用的积淀，从而也进一步影响着企业的公信力。

自古以来，中国社会立身处世中，就讲以"信"为本，商鞅立木、尾生抱柱

（典出《庄子·盗跖》）、漂母饭信（韩信）、一诺千金（季布）、郭伋野宿……

墨子云："言不信者，行不果。"孔子云："民无信不立。"孟子云："诚者，天之道也；思诚者，人之道也。"韩非子云："小信诚则大信立。"刘向云："人背信则名不达。"葛洪云："一言之美，贵于千金。"傅玄云："祸莫大于无信。"《周易》中有云："人之所助者，信也。"……

中国古代商道更提倡以信为先，范蠡"论其有余不足，则知贵贱"（《史记·货殖列传》）；许子之道则"市贾不贰，国中无伪"（《孟子·滕文公上》）；"商贾敦悫无诈，则商旅安，货财通，而国求给矣"（《荀子·王霸》）；韩康"采药名山，卖于长安市，口不二价，三十余年"（《后汉书·逸民传》），随后历代都将"口不二价"视为商业美德……

今天，以信为商业的金科玉律，商业信用（Commercial Credit）成为社会信用体系中最重要的一个组成部分。而企业家的信用画像是企业社会资本的一个重要体现，其信用越好，积累的时间越长，声誉越高，该企业获得的商业信用也就越高，获得的机会和盈利途径也就越多，从而促进了企业的发展。这可以归结为企业的社会公信力的作用效果。

公信力来自公开与诚信。经济是社会发展的命脉，企业是经济的命脉，企业的诚信至关重要，它对社会诚信有着示范的作用。在我们全球社会企业家生态论坛上，很多演讲嘉宾谈到诚信之于企业的意义：

远东控股集团董事局主席蒋锡培先生说："假货盛行，劣币驱逐良币，这跟我们没有建立全社会的诚信体系是分不开的。现在我们国家和民族高度重视，要建立全社会的诚信体系。"

中国入世首席谈判代表龙永图先生说："其实企业家的精神灵魂就是诚信，这是完全正确的。但是我觉得企业家诚信精神，应该说只是一个底线。一个企业家做到诚信还不够，因为一个企业家不仅仅自己要诚信，整个团队都要诚信，而且要把诚信精神作为一种正能量，传达到全社会，所以这样的诚信才是我们企业家的诚信。如果我们企业家只满足于自己的诚信是完全不够的，是让每个公民都可以做到，这样我们的社会才能形成良好的心态。"

国务院原稽查特派员刘吉先生说："企业一定要诚信经营、信誉第一。我们说诚信是品牌，诚信是企业的生命，诚信是企业走出国门的一本护照。"

社会企业的可持续运营

面对互联网大潮的冲击和产业结构调整，技术与市场的发展，行业界限的日益模糊，产品的日趋同质化，企业所处的经济环境日益严峻，竞争日益激烈……如何在这样的经济生态环境中寻求到可持续发展之路，运营模型的价值就在于为需求的企业，以及实现可持续发展的具有供求关系或在一个供应、产业链的一方或多方提供一种或多种模式，形成系统性、阶段性的解决之道。

企业可持续发展

1972 年，联合国召开人类环境会议，首次将环境与发展问题联系起来；1987

年，一份历时三年完成的名为《我们共同的未来》的研究报告由世界环境与发展委员会提交给联合国，"可持续发展"（Sustainable Development）的概念被正式提出，该报告将其定义为：既满足当代人的需要，又不损害后代人满足需要的能力的发展。

可持续发展目标

企业可持续发展是可持续发展的一个延伸，或者说分支，在"社会—经济—生态"三维复合协调发展的共识中，企业可持续发展具有决定性的因素。

企业可持续发展有一个简单的定义，是指企业在追求自我生存和永续发展的过程中，既要考虑企业经营目标的实现和提高企业市场地位，又要保持企业在已领先的竞争领域和未来扩张的经营环境中始终保持持续的盈利增长和能力的提高，保证企业在相当长的时间内长盛不衰。

关于企业可持续发展的探讨主要有内外两个层面，以往以企业内部的一些问题与特性来展开的为多，从战略、文化、制度、核心竞争力到创新，还有其他几个要素：人力、知识、信息、技术、领导、资金（财务）、营销等。这些构成了企业可持续发展内部视角的表述。

其实，在全球化的今天，外部因素也同样有着举足轻重的影响和作用，比如社会经济环境、网络环境、生态环境、科技进步的趋势、世界金融危安危、人才的国际化流动、全球的货物流动、资本流动和全社会的创新浪潮等，这一切对企业的可持续发展都有着直接或间接的影响。在日常的经济活动中，企业须根据这些外部情况来正确判断，调整战略，顺势转型，规避风险，合理利用资源，提升能力，乃至进退有度（"知进退，明得失"也是企业家的良好素养）。

社会企业的可持续发展运营模型

社会企业更为关注社会生态文明，遵循人、自然、社会、企业的和谐发展，解决社会问题、增进公众福利。

相对于一般单纯以盈利为目的的企业而言，社会企业意味着更高尚的追求，社会企业家意味着一个比只会赚钱的"商业企业家"更高尚的身份象征。社会企业以经营的方式来实现公益目的，将带来有利于社会整体的多赢的局面。然而，在目前的商业大潮面前，对社会企业的总体规模建设还很小，准社会企业多以民办非企业单位、合作社、社会福利企业和民间教育机构的形式出现。在其发展的过程中，受到某些打着公益幌子的商业行为的影响以及某些事件引起的对公益组织的质疑，降低了整个社会的信任感，也使得社会企业家的身份、社会认同、商业模式陷入困境。

为了适应这种社会状况，有些企业家选择注册成为工商企业，以盈利业务来推动其公益事业。也就是说，一方面，社会企业家要在维护社会整体生态环境的条件下寻求盈利业务项目；另一方面，社会企业家要寻求解决社会问题（譬如贫困、失业、失学、民工潮、社会分配不公、假冒伪劣产品、环境污染、生态破坏、人口爆炸、老龄化、通货膨胀、国有资产流失、权力腐败、官僚主义、应试教育、教育结构不合理、交通拥挤、封建迷信、毒品、黄色瘟疫、黑恶势力、拐卖人口、赌博、伪科学、有偿新闻、不满的社会情绪等）的途径。

一个社会企业的成立，会面临诸多问题和矛盾，譬如个体与群体之间的矛盾、分配公平和经济效率之间的矛盾、文化与个性之间的矛盾、内部与外部的矛盾、组织成员之间的矛盾……这些都是社会企业家所要调和的。

从战略到原则

对于社会企业家而言，给企业一个明确的战略方向至关重要。战略是航标，是指南针，建立战略性愿景，更有利于形成内生的动力。

对企业未来发展方向做出的短期、中期、长期性的发展战略规划，按照逻辑短期目标决策建立在长期的目标战略上，并服从企业的长期目标战略，协同发展。其精髓在于——今天的决策和资源分配将会影响未来。

对于企业未来布局适合多元化还是专业化发展战略：专业化，集中力量，精准聚焦一个领域精耕细作，这样选择面小，抗风险力差，要考虑好这个领域的宽窄度和前景，还有企业自身的核心能力和在其领域的突破力；多元化，多撒网，多敛鱼，择优而从之，避免孤注一掷，所谓"东方不亮西方亮"，然而资源和精力分散，因而要建立在同一核心竞争力上，最好资源互补，交叉经营，产生协同效应，避免业务分散、分配不当、顾此失彼。

对于企业之于外部的关系战略，如竞争战略和合作战略的制定，也是不可或缺的。如果说，犹如鲶鱼效应的内部良性竞争机制是企业自我提升的必要，那么，针对外部环境的竞争战略，似乎是社会不断优化洗牌的步步紧逼，关于社会企业参与竞争一直颇有异议。作为以社会公益为导向的社会企业，就不应该竞争么？这显然是违背自然和社会发展规律的。没有竞争的社会如死水一潭，没有竞争就没有发展，这是客观规律。竞争也并非你死我活、水火不容，而是健康地相互促进，去伪存真，去粗取精，推动发展；竞争并非是要打败对手，而是要赢得人心（公信力）。

社会企业永远真诚地面对问题，关注社会价值。竞争也不仅仅是一个有关于效率和成本的话题，更是对供应链的优化和细化……即便是没有竞争，也需要自主地寻求竞争，找到那个"假想敌"和更高的对标物，不断地突破自我边界。愈是不思进取的企业，愈故步自封，只盯着眼前的蝇头小利；愈优秀的企业，愈要把自己放在一个更大边界，去思考社会问题。面对复杂的社会经济格局，社会企业更要慎重考虑竞争战略，构建战略图形，发掘竞争优势，探寻竞争机会和策略，抵制恶性竞争（不正当竞争）……其中有成本领先战略、差异化战略、集中化战略等。

合作与竞争，总是相伴而行的。战略合作是出于长期共赢考虑，建立在共同利益基础上，实现深度的合作。这也要有一个整体性、长期性、基本性的战略方针，现在流行一种"战略合作伙伴"（Strategic Partner）关系，从20世纪70年代至今，战略合作伙伴从经济到政治，从文化到技术，延伸到了各个领域，全球化的战略合作也进入加速发展阶段。合作才能共赢，合作才能发展，合作才能提高，合作之路才能越走越宽。社会企业的合作战略将增进互信，强化沟通，优势互补，资源共享，互助互惠，而不再孤军奋战、各自为营。

战略固然重要，不过，无论怎样的战略，社会企业家都应该有一个基本原则，也就是社会责任和公共意识。社会责任是企业战略发展的前提，其重要性毋庸赘述。公共意识包含了"公共规范、公共利益、公共环境、公共参与意识，它们构筑了现代公共意识的底座"——正如百度词条给我们提供的相关诠释，"随着我国现代化事业的不断发展，公共领域越来越成为人们社会生活的重要组成部分，社会公共性问题也渐渐暴露出来，比如公共心理问题、公共道德问题、公平正义问题、环境污染问题等，成为构建和谐社会进程中不和谐的音符。公共性问题突显出公民公共意识的缺乏"，借此，公共意识也应该成为社会企业家必须考虑的战略原则。

从文化到制度

既然社会企业以社会责任为原则，以社会责任为企业成长的动力源泉，那么，这种责任意识就应该贯彻于企业组织的每个细胞（成员），成为企业文化重要的组成部分。

说到企业文化，大体上看，其实很多企业都是老板文化，一切围绕着老板（以老板为轴心）来做，体现着老板的意志和价值取向，老板是其企业的决定性力量；有些企业是家族文化，以血缘关系为纽带，一切以家族的认同、延续与活动为基础，基本就是家族企业的特征；有的企业是体制文化，按章办事，走程序，一切都以制度为准绳，制度高于一切；有些企业是"官僚文化"，等级观念强，上行下效，特权意识，重形式，讲派头，一幅"官爷"做派；有些企业是拜金文化，一切向钱看，以赚钱为导向，谁能为企业赚钱谁说了算……

老板文化造就了"文化独夫"，助长了老板的独断专行，削弱了群体成员的智慧与积极性，让整个组织充满个人色彩，"一言兴邦，一言丧邦"；家族文化形成了任人唯亲、排外心理、人情管理、滥用权利、人才瓶颈、故步自封等问题；制度文化有时会损失一些效率，但是可以避免企业犯大的错误；官僚文化造成主观功利、形式主义、权力扭曲、欺软怕硬、阳奉阴违、敷衍搪塞、尸位素餐等；拜金主义则造成唯利是图、不择手段地牟取金钱，攫取利润，以致道德败坏，即便不锒铛入狱，也因价值迷失而沉沦……

相对而言，社会企业的人文思考并不多见，其文化建设应该根植于共同的社会价值观，虽然说每个企业的价值观都不同，但作为社会企业的价值观从根本上还是体现在社会责任意识上，这也就形成了责任文化。

承担社会责任是社会企业的宗旨，"只有富有爱心的财富才是真正有意义的财富，只有积极承担社会责任的企业才是最有竞争力和生命力的企业"。责任文化为社会企业注入新动力。

围绕着"社会责任"，社会企业制定的使命、愿景、战略目标、经营理念、管理理念、用人理念、团队理念、研发理念、晋升理念、品质理念、营销理念、服务理念、薪资理念、品牌理念、发展理念、执行理念等应该是更富有人文关怀、长远视角和高尚情操的。

同样，在制度建设上，社会企业以强化同仁社会责任意识为本，鼓励、规范和引导新老成员的行为，从行政、人力、财务到业务（销售），形成权责明确并体现合理成员意志的企业制度，建立自律机制，匹对组织公益性理念，构成多层次评估体系，构造良好的社会企业文化氛围。

从宏观到微观

社会企业家具有高远的视野，他们走出狭隘的思维模式，跨越商业和地域的界限，回归人文领域中的道义良知和文化自觉，进行更为宏观地对社会和人类现在、未来、历史、生存、命运与自然和谐的关注。

在社会企业的管理实践中，企业家首先也是要弄清两只"看不见的手"。一只是经济学上经常提及的"看不见的手"——市场；另一只是看得见的政府"宏观之手"——宏观调控，此二者是宏观经济走向的两个关键因素。

当然，从整体上看，社会企业家所要考虑的不仅仅就这两只手，而是更宽泛地考虑企业宏观环境。所谓企业宏观环境，主要包括自然环境、人口环境、经济环境、科技环境、政治法律环境和社会文化环境等几个方面。

在我们"全球社会企业家生态论坛"上，诸多嘉宾都谈到了宏观环境的问题：

财经专家贾康先生说："我们的生产经营决策，首先要看大势，这是中国古人的智慧推崇的。要学会取势，跟着明道而精术，看大事跟着潮流，这是很重要的一个宏观判断。取势后面的明道就是各个具体行业领域里怎么在自己的创业创新发展中掌握规律。当然，后面还有精术，就是在细节决定成败的所有可做的事情上争取做到极致……"

福耀玻璃集团创始人、董事长曹德旺先生说："作为企业家这个角色，做的第一件事情要敬天、畏华。敬天不是看到的那个天，天是宏观的、很大的，这里包括生态环境等，作为企业家都必须要无条件服从各种法律。"

知名财经评论人石述思先生说："中国深化改革在经济领域主要看金融，金融的'十三五'告别了唯利是图，提醒我们所有的企业家，我们的上游在改变流向，你要再唯利是图，再急功近利，似乎宏观的政策空间已不充分。"

这样的大环境中，蕴含着很多机遇与风险。有学者便曾提出企业家需要警惕"经济周期""政策变迁"和"科技偶然性"这三大宏观风险。像金融类的企业家，对货币政策、经济周期更是高度敏感，再如投资者，也是无时无刻不在操心宏观和行业周期。

企业家对宏观环境的判断与企业的未来命运休戚相关。古往今来，多少企业家因宏观上的判断错误而以失败告终，譬如晚清"红顶商人"胡雪岩，一方面卷入了左李政斗，一方面面对纺织业的产业革命却逆势而动，囤积生丝，加之钱庄挤兑，迅速瓦解了他的商帮帝国；正确的宏观判断则更让企业家青云直上，譬如 20 世纪 90 年代上叶亚蒙·哈默（Armand Hammer）准确预判罗斯福会掌握美国政权，禁酒令会被废除，因而创建了现代化的哈默酒桶厂，后来又开创了西方世界的石油王国；巴菲特虽然多次公开说他不重视宏观政策，而更看重公司微观层面的管理能力，那是因为他重仓投资的富国、运通的高层高度关注宏观问题，并在数十年的时光里，一向依据宏观和货币的变化，作出预判和采取措施，确保公司的长期经营安全有效率，巴菲特也说，现行经济学家应该改良思考模式，有助投资人更好地理解宏观经济并运用于投资之中。

其实，无论环境动向还是行业趋势，宏观层面往往带有群体记忆的特征，社会企业家在群体互动的过程中受到社会情境逻辑的影响，面对经济的重心迁移与流向，寻找着各自的位置和方向。所谓"站得高，看得远"——"欲穷千里目，更上一层楼"——"不畏浮云遮望眼，只缘身在最高层"。如你深陷迷宫不能自拔，所谓当局者迷，当你站在一个高度上，再去看现况，往往就有了方向，看到了出口，有了力量。提高站位，并非空话，跳出圈子看圈子，脱离现实看现实，树立宏观意识（立足大局、顾全大局），才能更好地融入大局，整合资源，整肃措施，避免顾此失彼、整体失衡。虽说很多企业家对宏观形势的看法存在指标内涵歧义和易受外界干扰的可能（如对经济过热与否的判断较多地受到学者分析和媒体报道的影响），而他们对自身经营状况的判断则很少失真。

其实，对于企业自身经营状况，企业家心里都有笔账，为了企业的生存有时甚至比较隐讳，假大空的问题依然存在。从今天的眼光来看，人类社会有史以来，一直都存在一个被深藏的更严峻的事实，那就是经济生活的两个最致命的问题：宏观失灵与微观失真，尤其在社会变革的时候更显而易见。如今的企业家也往往面临着同样的双重困境。

从微观层面，企业的失真问题其实远比我们想象的严重，如战略制定的失真、成本的失真、财务的失真，尤其会计信息失真几成社会各界的关注热点，其突出表现为：原始凭证失真、账簿失真、报表失真、信息披露失真……

而这一类微观失真问题，则是社会企业家所要力排不怠的。

基于微观视角，企业家要在人力、物力、财力等资源上，在生产、营销、财务体系上，加以梳理，掌握企业的运行脉络，对企业规模、利润、负债及资产等有一个直观的认识，打好"组合拳"，发展企业微观生产力，盘活资产，科技创新，更新观念、设备、管理方式，优化生产要素配置，适应社会需求，改善企业的微观环境。现如今，我们的企业提倡内部创业创新，诞生了内环境中的"内企业家"，作为社会企业家，对"内企业家"的扶持也责无旁贷。

不管怎么说，对于社会企业家，审时度势，精于洞察是十分关键的。要树立高度的风险和责任意识，从微观审慎到宏观审慎，给出切合社会实际的统筹方案和系统布置。

从社会资本到公信力

前面我们提到"企业社会资本"更多是基于理论的层面（视角），让社会资本为企业家所用，发挥其功效才是目的。

当然，社会资本是需要长期积累的，尤其是人际资本，平时就应该积极主动地发掘、拓展和维护自身的社会关系网络，避免"临时抱佛脚"，"用人朝前，不用人朝后"更是行不通的，这也是高度人际关系管理的一个重要因素。

当走出你的舒适区，与人为善，调动起人类作为群居动物更大的潜能，以广结善缘的心态，去接触并扩容个人和企业网络中的显性的和隐形的资源（关系资源是相互的，其权重不同，无论人际关系中的长线还是短线，包括那些半生不熟的人和组织，有可能会帮助你实现更多，这被称为"弱关系原则"），而并不是将其仅看作商业行为。你的可资利用的个人和商业网络资源也就不再局限于利用价值规律，而自动实现资源的优配，变资源为资本，在互惠的原则下形成价值储备。这也是企业外部社会资本的一个重要来源，并与企业内部社会资本形成合力。

作为社会企业家，应当充分调动企业社会资本以多元主体、多种方式进入社会事业领域。这也是一种融通之道，正如我们讲的"六融"方略：融智、融才、融资、融政、融品、融势。

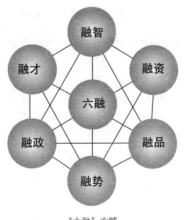

"六融"方略

融智，联盟合作伙伴，使你尽快找到全力支持你的智力机构协助你事业的发展，使你的企业和所关联的客户群体快速进入融智领域，借用他人智慧和经营中的标杆快速提升业绩。

融才，在企业发展过程中人才是你的第一目标，社会企业家联盟合作让你尽快找到自己企业所要用的人才，建立团队，培养企业接班人，使自己解放企业重生，同时找到你经营企业的人脉圈子，壮大自己企业的无形资产，让你的企业在人才和人脉中稳步发展壮大。

融资，企业的发展积累了无穷的企业家资源，这些企业家使你能够拥有庞大的资本运作空间，帮你尽快对接你所需要的资本平台和你在运营企业中所需要的资金，在全球渠道联盟合作的大平台下，你的企业可以快速对接到融资平台之中，从而以几何倍数放大自己的资本。

融政，企业的有序运营需要政府各项的扶持和政策的支持，渠道联盟合作使你能够在第一时间领悟到政府的发展政策，同时可以通过企业家的相互联盟尽快对接各地政府资源，围绕经济建设让政府给我们搭建一个平台，以渠道联盟合作伙伴作桥梁，让我们及我们所关联的企业获得收益，三者一起搭建一个多赢的政企发展共赢平台。

融品，企业多年所积累传播的品牌影响力，助推所有联盟合作伙伴在市场、客户、行业中的影响力，使品牌知名度和影响力在全面搭接融品的方略下在全国快速提升。

融势，借助某一重要和重大事件，通过联盟合作平台在第一时间快速撬动融势方略，在短时间内达到扩大品牌在全国乃至全球的影响力。

通过这样的"六融"战略，输出社会力量，解决社会问题，推动和优化社会经济文化环境，也就是社会企业家的宗旨所在了。

当我们对企业社会资本加以梳理的同时，也不能落下公信力这一要素。说起来，社会资本的形成正是基于社会网络、互惠性规范和由此产生的信任，而社会的信任程度和范围，也决定了彼此的合作成本、方式、范围和深度。在这样的社会公共生活领域中，面对时间差序、公众交往以及利益交换所表现出的公平、正义、效率、人道、民主、责任，形成的社会系统信任，就是公信力，它不仅是公共权威和政治伦理范畴，也是社会企业家的一个衡量标尺，是企业落实社会责任和实现制度透明的能力表现。说到底，企业所注重的塑造形象、提高品牌知名度就是用所提供的服务和产品质量在社会上树立"公信力"。

公信力可以说是企业的声誉资本，它驱动着企业社会责任的价值创造。如果说此前我们对企业公信力的论述主要在于有一个信用画像和公开诚信的商业信条的界定，那么这里则是将公信力作为企业可持续发展的基石或前提之一。

品牌的公信力直接影响人们的选择，按理来说，产品和服务的质量越好越久，社会公众的信任度和认可度越高，口碑相传，于是建立起了社会公信力，建立了公信力才能增强核心竞争力，树立良好的企业形象，推动企业可持续运营。

从路径选择到评估

就可持续运营而言，企业的路径选择是个方向性的问题。所谓路径选择也是多层面的，譬如战略的路径选择、发展的路径选择、创新的路径选择、商业的路径选择、转型与升级的路径选择，品牌与竞争的路径选择、营销与渠道的路径选择、数字化（或网络化）的路径选择、技术型的路径选择、国际化的路径选择、公益性的路径选择、慈善的路径选择、投融资或众筹的路径选择、合作或联盟的路径选择、并购或重组的路径选择……

就企业家自身而言，不同的路径选择影响着你和企业的命运和结果，选择是企业家机遇和胆识的结合体，也体现着你的认知、眼界、格局和胸怀。"选择性认知"是企业家构成宽阔胸怀的基础。

在企业家成长的道路上，面临着多种路径选择和诱惑，往往让人举棋不定，有时候一个选择就决定了未来走向、轨迹，甚至价值，无论是合作伙伴的选择、人才的选择、项目的选择、技术的选择……都会影响到后面的情况，甚至产生多米诺骨牌效应，这就需要有一定的基本原则。譬如选人有选人的原则，如果作为一个企业家，不敢选用比自己优秀的人，那么无异于故步自封。选人以德才为上，有一个普遍认可的原则，那就是：有德有才，破格重用；有德无才，培养使用；有才无德，限制录用；无德无才，坚决不用。

对于社会企业家而言，选择的一个基本原则就是良知的底线。从良知出发，去解读人和事，解读公共问题，先问对错，再问成败。王阳明有诗云："人人自有定盘针，万化根源总在心。却笑从前颠倒见，枝枝叶叶外头寻。"

除了以良知为底线的原则性问题，还要有一个评估标准。在是非面前，社会企业家应该以社会生态价值为评估标准，为社会企业的可持续运营提供保障。凡有利于社会者则为之，凡不利于社会者则去之。事无大小，心自无穷。

从价值导向到成果转化率

如果说价值取向具有一些感性的主观因素，那么价值导向则必须是理性认识并客观公正。以往企业以物质供给追求经济效益，对应的是功能导向，其价值取向往往体现的是企业家在追求经营成功过程中所推崇的信念和奉行的经营方式，而今天的社会企业家，需要的是以社会价值为导向，抛开一己之私，跳出个体圈层和狭义的功能与对象导向，面向广大的社会，履行社会责任。作为生态文明建设的参与主体之一，企业在衡量自身经营的成果转化性收入与社会成果转化率时，应当知晓谁先谁后，用长远发展的眼光来思考、看待，切莫为了短期利益忽视（牺牲）长期利益，而给社会带来严重后果。应当遵循社会发展规律，在经营企业的同时，以社会效益为先，提高成果转化率。

从社会价值链到循环经济模式

价值之于社会是相互作用、自然形成的链条。对于社会企业家而言，仅仅了解企业的价值链是狭义的，不够的，我们更必须了解整个社会价值链系统，控制成本动因，优化价值链。

伴随全球化的影响，我们的企业需要不断拓展经济视域，社会价值链也由内而外，交织纵横，由低端向高端演进，也并非单一的"微笑曲线"，而在重组与再造。

在社会价值链的结构框架中，社会企业是不可或缺的一环。作为优秀的社会企业家，应该从全局把握价值增值活动，形成正确的战略决策与价值链上的上下游通力配合，并令其成为价值链中价值创造的驱动因素。

我们如今的经济发展方式由传统的线性经济模式转变为可持续的循环经济模式，其正常的运行必须有价值链的支持，有利于社会价值和生态价值同步提高和真正实现，从而形成循环经济价值链。循环经济价值链的实质就是在将环保的概念融入价值链的体系，形成企业、社会、环境等多方面可持续发展的一体化战略。对于社会企业家而言，更要懂得在重构循环经济的价值链上，体现经济生态效益、社会生态效益和自然生态环境效益的统一，实现社会价值最大化。

从创新驱动视角到盈利能力

前者我们提到创新，是从建构企业社会资本的角度来阐述的。在此，我们再谈及创新，是将其作为社会企业可持续运营的驱动因素。

创新驱动是企业发展战略的必然抉择，是企业家精神的演绎路径。基于前面的论述，当我们透彻地认识到创新的重要意义，在经济全球化、网络化的新历史时期，我们亟须发掘创新驱动需求，重新构建创新驱动模式，创新思维、创新技术、创新文化、创新能力、创新机制、创新财力物力人力资源……

故步自封如死水一潭，唯有创新才有发展。作为社会企业，旧有的以非营利组织的形式存在的模式在网络商业大潮面前多少都会有些力不从心和资本困境，因而有了创新驱动的需要。社会企业最直接的创新莫过于从非营利变为"盈利"，这是为了适应社会环境的需要，在社会企业的创新实践中而形成的能力，这种"盈利能力"是以"社会价值"为导向的盈利能力，并非那些商业企业传统意义上的"利润"导向，而是以发起商业活动的盈利能力来解决社会问题、避免社会问题。

综上要素，我们可以构建一个图形，如下：

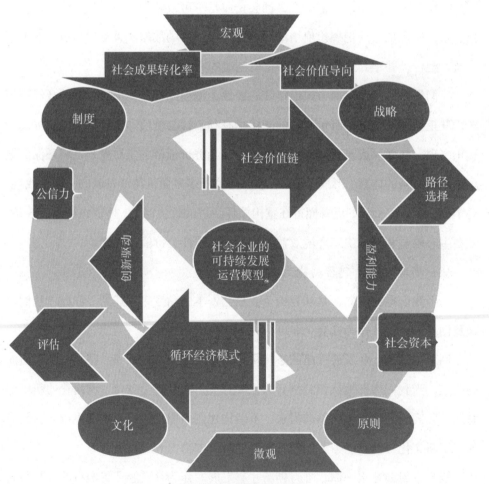

社会企业的可持续发展运营模型

社会企业可持续发展能力

在企业可持续发展的经营理念和环境中，企业能始终保持持续盈利和长盛不衰的能力就是企业可持续发展能力。社会企业的可持续发展能力较之商业企业更为强调企业社会责任的主动承担的能力，对这种能力的评估要从企业社会资本、核心技术、社会需求、创新驱动、绿色环保等方面加以分析，而有别于商业企业的总资产回报率、利润率、资产负债率和资本保值增值率等指标。

从公益的层面，社会企业也被视为一种新兴的公益组织形式。它又有别于大多公益组织的因应模式，因企业之名，在商业化背景下，社会企业面临着更多的资金来源问题和身份认知的窘境。这让社会企业家开始探寻新的驱动路径，将非营利组织与商业企业的资源相结合，形成以社会价值为导向的商业化形态，以商反哺社会，用中国古老的哲学思想来说，就是以商养"道"，这个古老的"道"就是大千世间的真理、境界，在社会企业的层面来看就是"社会价值"；用社会行为的概念来说，就是以商养"善"，这个"善"就是慈善，它不仅是对人对事，也是对自然生态环境的善行，也只有如此，才能真正达到"惠人终惠己"。将这种"善"作为一项长期的事业来经营，是社会企业家的任务。而所谓社会企业的"商"，是"义商"，也就是从事以天下正义、道义、大义和信义为原则的商业行为（在后面我们将具体讲到社会企业家的义利观，此处不多赘述），从而积淀和提升企业可持续发展能力。

在追求可持续发展能力转化为社会价值的同时，社会企业家脱离了自己的诉求与私利，为了社会和公众利益，为了生态环境的改善，促进长远发展，做出了责任驱动下的路径选择，让其社会资本，衍生出持续的活力。

我们在分析社会企业可持续发展能力的同时，还有一个发现，就是私营企业有能力成为社会企业的主体，从价值分析、需求分析到能力分析，私营企业带有创新驱动的"以商养道"的可持续发展能力，对整个社会而言更具有普遍意义和实践价值，并至关重要。

在我们首届全球社会企业家生态论坛上，联合国第七任秘书长安南先生说："私营企业应该与其他利益相关者共同分享经验，学习最佳的可持续性发展方案，各个企业也必须加入联合国全球契约，使其商业活动遵循契约的核心原则，我们需要你们的行动，实现企业和社会利益的双赢。"

时代环境与社会成长驱动因素

依循时代特征，聚焦社会企业家成长驱动力，运用德尔斐法、关联树法、生长曲线法、趋势外推法、先行指标法等探寻社会企业家群体发展与价值创造的驱动机制。

新时代环境下的落脚点

我们在各种经济文化的论述中，经常会看到对我们这个时代背景的"一言蔽之"，比如信息时代、网络时代、移动互联网时代、大数据时代、后工业时代、知识经济时代、共享经济时代、新商业经济时代、新零售时代、新媒体时代、全媒体时代……

无论怎么说，无论从哪个角度说，都不能命名这个时代环境的多元化，难以还原它的本貌。而就在这个多元化的时代环境中，社会企业家找到了他们的落脚点。不同于以往以盈利为唯一出发点和落脚点的商业企业家，社会企业家虽然也往往会以经济价值为出发点，但其后是以社会价值为落脚点。

应该说，我们每个企业、每个人，都多少被动地受到时代环境的影响。时代与环境，是影响企业和人的背景因素，所谓"时势造英雄"。从国有企业到民营企业，从实体经济到虚拟经济，从工业企业家到互联网企业家，从商业企业家到社会企业家……时代环境的变迁正在颠覆传统，改变人们的生活方式，转变人们的思维，因而有新生事物蓬勃发展，社会企业家虽然不算新生事物，但这一提法的广泛应用也才是近几年的事。在经济全球化、网络化的今天，社会企业家依靠多元化的时代背景，广撷博采，厚积薄发，以互联网为依托，运用云计算、大数据、人工智能、区块链乃至某些"黑科技"等先进技术手段，对企业及其价值链进行重塑与再造，进而重塑业态结构与生态圈，对上下游、上下线进行高度融合。伴随文化、技术、生态模式的创新驱动，社会企业家也在经历蜕变，脱胎换骨重获新生。

社会成长驱动

除了我们生活的时代背景，就是我们置身的社会现实，在互联网时代背景下的社会，也正在经历体制的革新、经济的转型和利益格局的不断调整，社会成长更为社会化、法治化、网络化、智能化、全球化，社会分工更为精细化和专业化，生产、组织方式也出现了新的变革，市场格局也更为数据化、信息化、规模化、国际化、平台化、一体化……

而整个社会更加多元化，"社群分化更为深入，社会结构、经济成分、社会组织形式、利益分配方式、就业方式等发生根本改变……贫富差距、城乡差距、区域差距也日益凸显，一些弱势群体生活十分困难，相对均衡的社会成员结构和利益分配结构还没有形成"，加之自然环境和可持续发展之于人口过剩、土木工程、资源开采、工业污染的矛盾，这一切亟待解决的社会问题，因而产生了社会企业家的必要。

一方面，社会企业家要适应网络技术改变生活和企业经营模式的社会现实，在人工智能、移动互联网和物联网兴起的时间点，应用大数据，深度洞察社会需求与发展的风向标，躬身实践，锐意创新，为全球领域的企业家精神打上时代烙印；一方面，社会企业家肩负社会责任，从身边的生活点滴到整个社会生态链的和谐，同时保有对人与自然的适度敬畏，推动可持续发展。

在我们"全球社会企业家生态论坛"上，知名财经评论人石述思先生曾说："按照大数据的思维，未来的企业家要完成跟新型的客户、新型的市场相互关联，我们最擅长的利益关联，要上升到跟全球情感的关联，最后到达价值观的关联……"

安南先生说："全球的合作关系能够提供更多的广泛发展目标，如改善获取食物和饮用水的渠道，提升医疗设施、教育服务的质量……不管我们在自己的社区或者城市，所从事的企业活动，我们不仅要从地方的角度和区域性考虑，更要考虑对全球所带来的影响。我们这里发生的任何事情，会对整个社会产生影响。"

联合国工业发展组织前总干事卡洛斯先生说："在世界经济的发展依然受到全球金融危机的影响而蜗行牛步的时候，主要新兴经济体全新发展形态又对我们发出另外一个新的挑战。为了体现全球经济一体化的不断加强，为了实现越来越焦虑不安的民众对提高生活水平的期盼，发展经济，提高就业，已经迫在眉睫。最近的经验告诉我们，国家与国家之间、公司和公司之间的国际合作是达成上述目标的关键所在……我们看到，世界正在面对跨时代的变革，无疑会为全球范围内的中小企业带来崭新的机遇，创造一个需要更多全球合作和承担更大社会责任，不放弃任何一个人的世界。"

社会企业家成长驱动与方法

依循时代特征，聚焦社会企业家成长驱动力，我们运用德尔斐法、关联树法、生长曲线法、趋势外推法、先行指标法等探寻社会企业家群体发展与价值创造的驱动机制。

德尔斐法：对于社会企业家的成长驱动力，我们需要一种背对背的征询方式，也就是以匿名的状态，集体多轮的函询反馈，消除了权威效应和交流不充分的不利影响，从而获得相对一致和公正的驱动因素，而它所有的集体性、匿名性、客观性、统计分析性同样适用在社会企业自身的运营模式上，以专家群体为征询对象，应用于战略、系统、团队建设、合作方式等诸多方面的预测、决策和分析上。

关联树法：我们可以采用一种更直观的树式图表的形式，明确排列作为社会企业家的实现目标和解决问题的途径、方案，并依据排列，作出搭配和抉择，确定相对最优的途径和方案。

生长曲线法：我们借助可以通用的事物的三个发展阶段（萌生、发展、成熟）的生长曲线规律，随着时段的变化，观察社会企业或企业家成长的基本规律。如用"皮尔曲线"预测社会企业家的群体进化或社会企业的发展态势；以林德诺模型推导技术之于社会企业的发展；用龚帕兹（B.Gompertz）模型分析社会企业从事领域的需求变化等。

趋势外推法：我们可以通过选择社会企业家的成长参数，收集必要数据；拟合曲线，做社会企业成长的趋势外推，或依此步骤做社会企业商业模式的预测。

先行指标法：我们可以通过对经济周期变动的短期预测指标，为社会企业降低成本，或为社会企业家解决社会问题提供预案，提高社会问题的预防和解决能力。

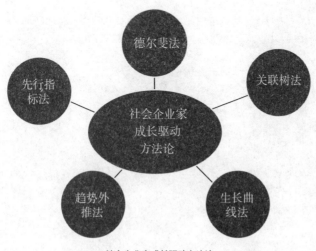

社会企业家成长驱动方法论

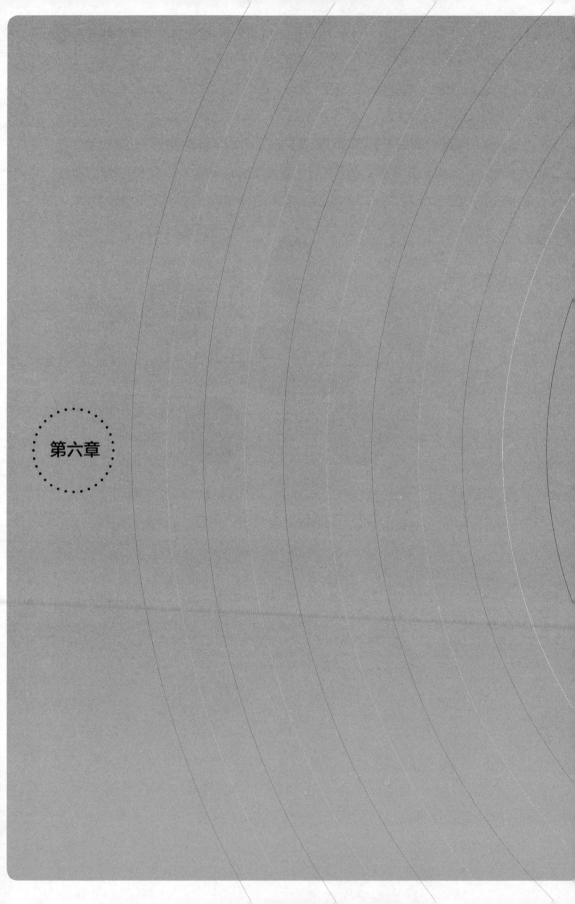

第六章

社会企业家思想的
中外融合

从海外的组织模式、商业形态、公益、动机与导向等思想结构，到中国的天人观、义利观、良知说，阐述社会企业家思想的中外融合。

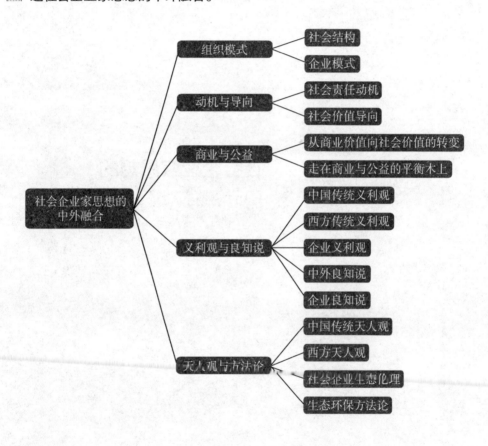

组织模式

从 M 型到 N 型的组织模式变革实践，从地区性到网络化、国际化的进程，企业社会化悄然出现，其结构和影响在全球化背景下层层推进。

社会结构

对于社会企业家的人文思考，必须了解其所处的社会环境和历史，在全球化的今天，这也不是一国一地的区域性问题，而有必要对国内外的历史现实以及相应的组织模式加以比较以至于今的相互融合。

组织模式往往决定于其所处的社会结构和历史因素。自古以来，中国的权力结构经历了长期的集权形态，也从早期氏族社会的宗族单系结构开始，便笼罩着血统论的成长之殇，以至于影响到今天的家族企业，宗法制度在那时便埋下了种子，也形成了病灶，今人说："宗法制度影响下，中国传统社会结构的特征有四：一是'家天下'的延续。一部中国史，就是一部家族统治史；二是封国制度不断；三是家族制度长盛不衰；四是家国同构。"而古希腊的城邦制和直接民主、古罗马从君主制到贵族共和制到帝制及其形成的共和民主，以及雅典的民主，混合着政教一体的延宕，以至于有着影响至今的宗教色彩。

中国从奴隶社会步入漫长的封建社会，正是欧洲中世纪的黑暗时代，阶级划分鲜明，阶级斗争严峻，因而中西方形成了大同小异的金字塔式社会结构，底层为大多数的穷人。虽然有人设想过倒金字塔式的社会结构，但还一直无能实现。

20世纪的社会大变革，终于使整个世界天翻地覆，中国基本摆脱了封建体制，完成了从新民主主义到社会主义的转变。如今，我们的目标是构建一个橄榄型社会，或者说纺锤型社会，而这是以社会收入来定量的，是指高收入、低收入者较少，中等收入者占大多数的社会结构，即两头小中间大的社会结构。

其实，社会结构也有很多方面，比如经济结构、文化结构、职业结构、人口结构、年龄结构、城乡结构、区域结构、所有制结构、阶级阶层结构和收入分配结构……

面对这样的社会结构目标，社会企业家如何构建组织模式，社会企业如何在这样的社会结构中发挥其社会价值，推进社会的结构优化，就带有一种神圣的使命感了。

企业模式

现代组织模式在全球化的今天，在中西方经济文化互融的背景下，已经多元化，不过，从某种角度加以归类，有人分出军事化的直线式组织模式、专工明细的职能式组织模式、二合一的直线职能式组织模式，还有一种横向职能机构与纵向项目机构相交叉的"矩阵"型组织模式，因其弹性结构而广泛应用于大型项目管理。

19 世纪末期，西方对组织结构模式开始深入研究，百年来，相继出现的各种组织结构模式，被逐一命名，从 U 型组织（一元结构，纵向一体化的职能结构）、矩阵制组织（规划—目标结构制，非长期固定性组织，职能部门＋项目小组）、多维制组织（立体结构）、超事业部制（执行部制）、模拟分权制（介于直线职能制和事业部制之间的结构形式）、M 型组织（事业部制或多部门结构，高度分权，多元结构）、H 型组织（控股公司结构，以产权为纽带的多法人实体集合的母子体制）到 N 型组织（网络型结构）、V 型组织（动态联盟式、开放式网络结构）；还有其他分法，如从低级的 V 型组织（一人托众式的不稳定结构，区别于前者的动态网络的 V 型）到 A 型组织（等级制、层级组织）再到 M 型组织（同上）……

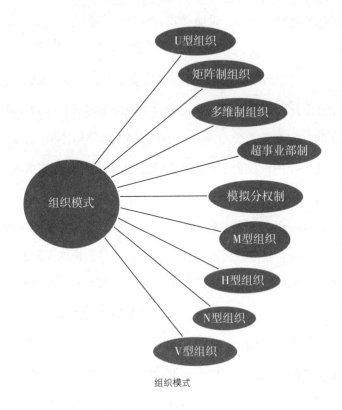

组织模式

从另一个角度看，我们都长期处在一个自上而下的具有中心化特征的传统"树状"组织结构中，并习以为常，这是工业时代延续下来的管理理念，体现于层级化、职能化的分工；20世纪90年代以来，网络化、扁平化让人们开始了新的思考，颠覆传统。21世纪走过了第一个十年，出现了网状组织模式，它以信息共享和赋能（权力下放）为两个核心，强调透明和自主决策的团队架构。另外，区块链的初衷其实就是挑战我们社会既有的树状组织模式，去中心化的思想虽步履维艰，但却是人类社会进步的理想和希望。

社会企业的组织模式是社会企业家在运营实践中首要考虑的一个因素。人们往往把以财产构成划分的企业组成形式（分为独资企业、合伙企业和公司企业）也放在组织模式中，而在此，我们所谓"组织模式"是企业为达到目标提高效率与竞争力而选择的运营、管理、发展样式，对于社会企业家而言，是以社会价值为目标的企业运营发展模式。

西方早在19世纪后萌芽（起步）的社会企业是以非营利组织（如英国罗奇代尔公平先锋合作社等把盈利部分返还给合作经济组织成员，因而属于非营利组织）面向公众的，带有很大公益成分。中国在21世纪后才引入"社会企业"的概念，在过去的十年中，社会企业不断升温，从观念到公益和培训，潜滋暗长，却依然停留在摸索的阶段。如果说以往社会企业的组织模式以合作社模式、社区经济模式和非政府的企业模式出现的话，那么网络化、商业化的今天，面对实际的资金问题，社会企业家亟须另辟蹊径。与以往非营利模式不同的是，今天的社会企业家，不再完全依靠组织成员的投入，而以创新有效的商业化手段（包括借助虚拟经济的方式）来解决社会问题，实现商业和公益性的结合。

今天的社会企业，是倡导"创新商业模式+社会公益"的形式。涉及商业，不免带有商业模式的问题，古今中外，商业模式（说白了就是赚钱的方式，涵盖了产品模式、用户模式、推广模式、盈利模式）都离不开盈利，其思想结构与根源虽中外有别和历经变革，但还是落脚在价值的层面上。

欧美国家的商业理性与中国传统儒商思想（因儒家思想在中国传统文化中的主导地位，一直影响着中国的商业价值观，儒家商业伦理起伏跌宕倡导至今），在全球化的今天，得到了互补与融合。

不管是以有儒学传统或中国式管理为主导的企业模式，还是有管理理论传统的西方企业模式，对价值观的认识和构建求同存异，在融合与互动中经历了多种形态的演变。对于社会价值的终极思考则是社会企业有别于商业企业的要点。

动机与导向

从生存的动机、盈余的动机、成就的动机到社会责任的动机，从利己到利他的动机，由社会企业家互动影响的视角出发，阐述社会责任和使命导向对企业核心竞争力的关键性影响。

社会责任动机

此前，我们曾论述了办企业的动机。这里，我们所要说的是针对社会企业家的某些动机因素。

中国古代对理想和志向的说法可以视为对动机的理解，屈原说"亦余心之所善兮，虽九死其犹未悔"（出自《离骚》，意为：只要符合我心中美好的理想，纵

然死九回我也不后悔); 孔子说 "志于道"（意即立志要高远,"道"就是希望达
到至高境界）; 后来朱熹阐发说 "志者, 心之所之之谓"（意即所谓志, 就是心愿
所向往达到的那个称呼）; 还有后人论述 "志之所趋, 无远弗届。志之所向, 无
坚不入。志于道, 则义理为之主, 而物欲不能移……"（意即有了坚定的志向指引,
没有什么地方是我们到达不了的, 有了坚韧的志向目标, 没有什么困难是我们不
能克服的。将志向存于天道, 那么义和理就会被我们推崇, 物质和欲望将无法左
右我们）; 孟子说 "夫志, 气之帅也; 气, 体之充也。夫志至焉, 气次焉。故曰:
持其志, 无暴其气"（意为志是气的统帅; 气充塞在人体全身。志朝向哪里, 气
就跟随到哪里。所以说: 要做到不动心, 一定要坚守这个志, 同时不要扰乱了气）;
鬼谷子说 "志者, 欲之使也"（意即所谓 "志向" 就是欲望的使者）; 墨子说 "志
行, 为也"（意即动机与行为结合起来, 才能完成一番事业）; 曹操说 "老骥伏枥,
志在千里";《史记》里有个名句是 "燕雀安知鸿鹄之志"（意即燕雀哪里会懂得
鸿鹄的凌云壮志呢) ……

　　此外, 孟子的性善论与荀子的性恶论也可以说是从本质上论辩动机的内在人
性因素。主导中华两千多年的儒家思想基本上就是重动机而轻后果的, 形成的是
人性（道德）动机论。近现代, 中国以社会志向为动机的表达强烈, 孙中山先生
志在 "共和", 周恩来总理 "为中华之崛起而读书" ……形成的是个人具有（或
提出）的集体主义动机。

　　在西方, 对动机的论辩分门别类形成了理论体系, 从早期的本能说、精神
分析说、驱力还原论, 到需求层次论、XY 理论、双因素论（激励—保健理论）、
ERG 理论、成就权力归属的需要论, 再到自我决定论、目标设置论、强化理论、
公正理论、期望理论、归因理论……总体来说, 更多地趋向于功利主义动机。而
当代的认知失调论, 更有点像阿 Q 的精神胜利法……

　　不能不说, 这些动机论之于社会企业家的动机来说, 是狭义主义的, 无法准

确地解释社会企业家的精神驱动因素。从社会企业家的成长动机来看，从生存的动机、盈余的动机、成就的动机到社会责任的动机，从利己到利他的动机，在这个成长过程中，企业家完成了自我蜕变与升级，最终，成为真正的社会企业家，志在解决社会问题。至此，也就是说，社会企业家是抛开私欲，以社会动机为主导的，即以满足社会需要为目的。

同样是社会动机，社会企业家与其他类型的社会动机又截然不同，譬如成就动机（achivement motivation）、亲和动机（affiliative motive）、影响力动机（power motive）都与社会企业家的社会性动机不相符合。社会企业家的社会动机更明确地说是社会责任动机。

我们不断地提到企业社会责任（Corporate Social Responsibility，简称 CSR），它是经济全球化浪潮下的一个焦点，主要是缓解和改善诸如贫富差距、失业失学、资源紧缺、环境污染、安全隐患、弱势群体生路、员工利益受损害等目前面临的比较严重的社会问题。对于一般的企业家而言，CSR 动机也不是无欲无求、无私奉献的。国外学界总结 CSR 动机无外乎三种：一是可以从中获得直接或间接利益的经济动机；二是基于"社会契约"或制度、舆论压力，以及为了获得股东、消费者、合作方、投资人等利益相关者的广泛认可；三是基于生态共生，避免唇亡齿寒，为顺应社会，满足企业内外环境的要求。

此三者依然不能对应社会企业家的责任动机。首先，社会企业家履行社会责任，绝不会以经济利益的回报为条件，即便是明知一无所获也会身体力行；其二，社会企业家并不以别人的认可、制度的压力、社会的契约和舆论为局限，即便是被误解、中伤和压制，也会以自然、社会环境的利好为重；其三，生态共生建设是社会企业家的思想自觉和行为自觉，总的说来，可以归于生态自觉的根本底线，不存在顺应与满足的目的性。如果说在履行社会责任的同时，不期然地给社会企业带来了声誉、利好，那应该是生态规律使然，而刻意人为的结果是不以人的意志为转移的，所谓物极必反。也就是说，当你以利益或声誉为目的或被动地以顺应社会舆论、迎合环境为目的，那都不符合社会企业家履行责任的动机。

社会企业家的责任动机源于本心与良知，应该是自主自发的，自觉主动承担，打破了那些狭义主义的局限，没有功利性目的，就像心怀信仰，作为社会企业家的一种主动精神和一种明确意识到自身追求的价值所在的驱动力而存在，有时候甚至带有知其难为而为之的豪迈。而从另一个层面，这也是真正的人性积极一面（有别于其他动物的道德意识）的体现。

社会价值导向

谈及导向，似乎与上述的动机没什么两样，把上面的动机改为导向似乎也无不可。事实上，动机和导向往往易于混淆。动机是驱使人去行动的原因；导向，指引导的方向，使事物向某个方面发展。动机是因，导向是果。动机是内部能量，有驱动力。导向是趋势方向，有引导力。导向可能成为动力的源泉，动机则是导向的出发点，因而有导向型动机，也有动机型导向。动机可以改变导向，这个关系就有点像轨道与变轨，动机就是那个扳道员。

事实上，导向是个更复杂的概念，与企业相关的就有政策导向、舆论导向、经济导向、市场导向、战略导向、产品导向、产业化导向、全球化导向、网络导向、技术导向、服务导向、品牌导向、职能导向、成长导向、创新导向、企业文化导向、制度导向、资本导向（又可细分为财务资本导向、社会资本导向、智力资本导向、人力资本导向等）、风险导向、社会导向、社会需求导向、价值导向……

社会企业家精神有什么导向？这是一个具有引领力、凝聚力和精神活力的问题。过去，很多企业家在新古典经济学的影响下，往往以利润最大化为终极目标，主导着企业的生产经营行为，也有人避开这个经济词汇，用企业发展导向取而代之。不过，说来谈去，其实可以笼统地说，是以企业自身为导向，即便这些企业家普遍认同——相信以长线而言，只有具有商业信誉、社会责任的企业，其利润才会有最大化。但导向性的原则问题，决定了其凸显的狭隘的利己主义思维，因认知的局限而趋于现时功利，而忽视了整个供应链的循环发展，其追求暴利的行为更无异于杀鸡取卵、竭泽而渔，久而久之榨干了我们的未来。

还有一种价值导向的说辞，是以中国企业为主的"人本观"与以西方企业为主的"物本观"的价值导向之争，两者各有利弊，也都失于偏颇，没有脱离狭义主义的思维局限。

社会企业家抛开一己之私，就不会以权力、成就、享乐、安全等利己主义的结果为导向；从组织的角度，也不会以企业自身为导向，胶着于狭隘的利润原则。而懂得"不畏浮云遮望眼，风物长宜放眼量"。

以社会价值为导向，是社会企业家的精神核心，也是社会企业家与商业企业家的区别所在。

我们一再强调社会价值，因其与企业发展是相辅相成、相互依存的。皮之不存，毛将焉附？如果企业忽视了社会价值，追逐既得利益，透支了发展的潜力，那么终将造成整个生态链的不平衡甚至断裂，正所谓"千里之堤，溃于蚁穴"。现实生活中亡羊补牢的现象已经不胜枚举。

另一方面，从企业家精神的角度看，从创业精神、冒险精神、创新精神、合作精神到责任意识……最终传递的应该是具有价值的精神内核。随着企业的成长和社会的进步，企业家精神也在不断地丰富与升华。不难发现，追逐利润源自企业家内心的贪婪，由于环境资源破坏导致发展受阻又给企业家带来心理的恐惧，基于同情心的慈善行为和同理心的共同发展理念构成了企业家的精神归宿。这或许就是社会企业家的心智模式。

在互联网、大数据、人工智能、区块链等新技术革命到来的时期，企业家面临着前所未有的挑战，这其中也蕴含着极大的社会商机，产品和服务的潜在社会价值凸显。那些曾被短期市场导向的企业视为不利的因素，对社会企业家或许是一种新的成长机遇。这就需要把弘扬社会企业家精神、倡导企业家承担社会责任提升到更加重要的地位，这不仅是企业家精神文明的进步，也是科技和生产力发展到新时代的要求。

现代社会的企业价值创造，已经不是简单地着眼于经济利益的获得，而是推动社会进步所需的一切价值创造。在这一价值创造中，更加长远和根本的利益成为一种自然回馈。由此可见，追求广泛的社会价值应当并且正在成为新时代企业家精神的鲜明特征。

今天的中国，正有越来越多的社会企业家涌现出来，主动承担各种社会责任，走在时代前沿。对于他们创办的企业而言，做任何一项事业，首先想到的是通过企业的产品、服务以及公益事业为社会创造更大的社会价值。追求企业社会价值，正在从少数企业家的认知，变成越来越多的企业家的自觉。

我们有理由相信，社会企业家作为社会价值的创造者，必将成为推动社会进步的一股强大力量。

商业与公益

公益与商业的关系已经演变为时代问题，有人站在公益立场质疑商业价值；有人站在商业立场质疑公益的有效性、可持续性，商业与公益如何权衡？如何进行公益事业与商业模式的融合与创新？这正是社会企业家面临的问题。

从商业价值向社会价值的转变

企业家的社会职责不仅是创造社会财富，还要推动社会进步。企业家通过创利来增加社会财富，通过创新和承担社会责任来推动社会进步。不创利的企业家是浪费社会资源，是自身能力的一种缺失；不创新的企业家也不能称之为真正的企业家。

　　社会在发展，企业在成长，思想在进步。在当今新的商业文明时代，优秀企业家应当追求企业社会价值的最大化，而不只是商业价值的最大化即利润最大化。盈利是企业存在的本分，是商业企业的初心，承担社会责任、推动社会进步是新时代企业家的使命。不忘初心，牢记使命。企业不能没有商业价值，否则无法生存。但在追求商业价值的基础上向社会价值转变，是企业家精神的进步和企业内涵的升华，也是我们这一代企业家的历史责任。新时代的企业家精神应当将承担社会责任和推动社会进步放在首位，并且不断赋予社会责任以广泛和鲜活的内容。人们愈来愈注意到，优秀企业家们大多富有社会责任感，都在潜移默化中践行社会价值的理念。

　　一个不会赚钱的企业不是好企业，一个只会赚钱的企业也不是优秀的企业。一个企业的存在，不仅仅在于其商业价值，还包括广泛的社会价值。社会价值体现在许多方面，代表一家企业对全社会的贡献度。从企业的成长史来看，企业的商业价值和社会价值始终存在，好的商业企业必定是伴随和推动社会的进步，有意识地去把握企业的社会价值和不断产生新的追求。优秀企业要主动追求企业的社会价值最大化，努力担负起社会责任，当今时代包括提供就业机会、开发创业平台、拥抱科技革命、推动节能环保、促进环境友好、拓展绿色金融、大力扶贫济困、实现各类人群的平等发展与社会共同进步等。

走在商业与公益的平衡木上

　　在我们首届全球社会企业家生态论坛上，著名媒体人杨澜说起一次晚宴上，巴菲特讲到自己身边很多所谓财富家族，由于产权、财富的分配造成家庭的割裂，亲情的背叛，他觉得不要这样的结果，要的是有一个慈善的使命，有一个公益的使命，能够让子子孙孙，永远可以在一起。

是的，公益是一个永续性的使命传承，有着共建共享的聚合力，也唯有公益，是社会企业家的标配。

社会企业家与公益有着天然的联系。在西方学术界，社会企业家与社会责任相提并论，企业社会责任又往往与公益慈善相挂钩，阿奇·卡罗尔（Archie B Carroll）认为，企业社会责任是社会在一定时期对企业提升的经济、法律、道德和慈善期望。本（Benz）和麦尔（Meier）（2008）、迪奥利维拉（DeOliveira）等（2009）研究表明，个体实验室中的亲社会偏好量表数据与其现实中的慈善捐赠行为存在正相关关系。本阿布（Benabou）和蒂罗尔（Tirole）（2010）认为人们慈善捐赠、献血等亲社会行为与个人对自身社会形象关注这一因素有关。里基·W. 格里芬（Ricky W. Griffin）提出的企业社会责任"是指在提高本身利益的同时，对保护和增加整个社会福利方面所承担的责任"。

就社会企业家而言，公益事业是实现社会价值的一个途径或出口。社会企业家以社会价值为导向，并立足于公益事业，但也并不是就此拒绝商业或不盈利了，企业要生存、发展，公益事业更需要有一定经济基础才做得起来，延续下去。

经济全球化、网络化的今天，浓厚的商业氛围，激烈的商业竞争，让企业的生存发展面临机遇又危机四伏，不可避免地需要商业思维来适应社会的发展与变革。社会企业家为了企业生存，借助商业项目来盈利，以便更好地去做公益，也是应对优胜劣汰的需要。不过社会企业家从事的商业项目也是遵循社会价值导向，绿色环保，并利于整个生态链的良性循环。正如马云曾说的那样，企业不能一边生产对社会有污染、有毒的产品，一边到年底捐点钱做慈善。企业应该用"公益的心态、商业的手法"做公益，但今天我们往往看到了很多人采用了"公益的手法、商业的心态"。

公益和商业，一个是大公无私，一个是利益交易，这两个看似南辕北辙、水火不容形同悖论的存在，恰恰是人为的成见、固有的偏见。其实，两者是完全可以携手并进、相得益彰的，而并非冰火两重天。把商业模式引入公益，把公益理念引入商业，两者规范交融，跨界合作，正是未来的趋势，例如，保险业就是制度化的公益。真诚融合了公益的商业更可以唤起人们的共鸣，受到舆论的赞誉，赢得良好的口碑，以及其他有形和无形的回报。真诚融合了商业的公益，终将为公众所理解，抛掉资金"二传手"的破帽子，拥有自身的造血功能，而不再仅仅依靠所谓"施舍"性的捐助。

社会企业家正以创新精神，运用商业形式，推进公益事业，创造社会价值。他们走在商业与公益的平衡木上，力求两者的兼顾与统一，一方面要有宏观的、高度的自然生态链原则和社会价值导向，一方面要有现代商业能力、伦理精神和商业展望的向度，跳出商业看商业，提升整个生态价值链的格局和境界，实现企业与社会共同可持续发展。保险业的公众性与公益性，使其具有天然的社会价值的禀赋。

义利观与良知说

古老的义利观依然具有时代意义。从重义轻利、重利轻义、义利协调等传统义利观的转型、多种义利观的交替并存到社会新生态经济背景下的企业义利观，义利思想也体现着企业家的价值取向。从诸子勃兴、百家争鸣时的义利之辨、义利相生，义源于利的义利统一观以至当代全球"义利观"的重构，义利观俨然成为企业伦理的应有之义。同时，利润与良知的博弈在时刻考验着企业家。社会企业家身上流着道德的血液，当商业世界痼疾难愈，良知说便卷土重来，它不是廉价处方的救命稻草，作为一种资本（良知资本），它是社会经济发展的新动力。

中国传统义利观

早在古代，位于中国传统文化主流的儒家思想就有"重义轻利"的传统，孔子云"君子喻于义，小人喻于利"，倡导"见利思义"，义为上；孟子云"王亦曰仁义而已矣，何必曰利"，他主张"舍生取义"；荀子云"先义而后利者荣，先利而后义者辱"。

墨家的"利"是"利他、利人"，义与利在墨家是一个概念，所谓"义，利也"，墨子尚利贵义，主张兼爱，义寓于利，达到统一，并以追求天下公利为最高价值。

而道家"无为"的超义利观与法家主张的"自为"人性论（韩非子）、以利为义、以法制利，显然不为所纳，早在历史进程中就从总体的社会实践上有所取舍，作为比较研究中的老学说和个体的偏好。虽然功利主义经常甚嚣尘上，所谓熙熙攘攘，皆为利来。不过总会有"义"的倡导与践行，大义之举的前赴后继，促进社会的进步与和谐。

西汉中期鸿儒董仲舒"正谊明道"（"正其谊不谋其利，明其道不计其功"）的非功利主义观念可谓承上启下；北宋程颢云："大凡出义则入利，出利则入义。天下之事，唯义利而已。"（《二程语录》）南宋朱熹"存天理，灭人欲"，陈亮与朱熹大唱反调，"义利并举"（或"义利双行"）；南宋叶适主张"崇义以养利，隆礼以致力"（《水心别集》），晚年更有"成利致义"之说；明末清初，经世致用多有提倡，譬如黄宗羲的王霸义利之辨、王夫之"以理导欲""以义制利"的唯物思想、李贽有童心说和私心说（肯定私欲）重利又尚义的离经叛道、顾炎武倡导经世致用、唐甄"志任天下"的功利论、颜元更"以义为利"，提倡"正宜谋利，明道计功"……这些经世致用的合义之利发扬了事功派的功利思想，"斡旋乾坤，利济苍生"，开辟了实学新路。

晚清，魏源"据义求利"并提出"于士大夫则开之于名而塞之于利，于百姓则开之于利而坊之于淫"。曾国藩以公灭私，"圣贤处利让利，处名让名，故澹然恬然，不与世作，义利辩以小心，须严一介"；维新派弘扬商政观念，丰富清末"实业救国"的经济思想，陈炽云："吾虑天下之口不言利者，其好利有甚于人也；且别有罔利之方，而举世所不及觉也。"康有为肯定人欲，主张重利兼义、以义生利，兴大利不顾小害。严复为"利"正名，还原为与道德无涉的经济问题，提出自利为主的"两利"主张，并以"开明自营"实现"两利"统一；谭嗣同主张黜俭崇奢，提倡"奢德"，批判道学家"正人心"的空洞说教；梁启超指出利决定义，也就是经济决定道德，他将"公德"的伦理学（称其为"泰西新伦理"）使以"利群"为纲。

……

西方传统义利观

西方古希腊以降，从伦理财富观（柏拉图、亚里士多德）与形而上的正义伦理自然法（斯多葛派）到中世纪宗教神权的节欲，到文艺复兴运动重启"人本"与"求利"的人性论，自由的意志冲破了宗教禁锢，却又陷入个人利益至上（利己主义）的思想漩涡。

17世纪，托马斯·霍布斯（Thomas Hobbes）"从根本上将伦理道德建立在现实的社会关系和它们所体现的利益关系之上，开启了经验主义伦理学的思想路线"；18世纪末，亚当·斯密以"经济人"的假设为立足点，归结人性为个人利己主义；边沁的功利主义学说从趋乐避苦的自然人性论出发，强调行为结果才是决定个人行为善恶的唯一标准（唯效果论），忽略了道德的内省性，导致了道德他律论、道德工具论，把道德当作求得功利，也就是追求快乐、幸福的工具。

19世纪，实用主义（Pragmatism）诞生，以皮尔士、詹姆士、杜威等人为代表，他们将实证主义功利化，强调生活、行动和效果，经验和实在归结为行动的效果，知识归结为行动的工具，真理归结为有用、效用或行动的成功。后来衍生出了人本主义、工具主义、逻辑经验主义、逻辑学派等。

实用功利主义一度成为西方社会的主流价值观。

企业义利观

义利之说贯穿于古今中外数千年的历史思潮，并对社会的发展产生了深刻的影响。同样，也影响着企业的经营和发展。

应该说，"义利并举"是理想的选择，不过并不容易实现。时人常说义利是对抗的，是零和博弈。所谓"鱼和熊掌不可兼得"，在现实生活中，义和利经常会产生矛盾冲突。经济学的基本假设有三：一是经济人假定（追求自身利益最大化），二是稀缺性假设（资源总是有限的），三是非厌足性（人类总是贪得无厌的），此三者任意一个都足以构成义利的矛盾，而使义利并举成为空话。

古往今来，为了一时之利（或欲望）而遗祸无穷的，为了一时璀璨而招来麻烦的，为了一时之快而糟蹋人生的，不胜枚举。大到国与国之争，如烽火戏诸侯——周幽王为博红颜一笑丢了江山；假途灭虢——虞公贪利，借道于晋，终被灭国；清政府闭关锁国实施海禁，背离世界工业革命浪潮，以致科技落后，遭遇外敌入侵，割地赔款，丧权辱国……其实，历朝帝王多因一时贪图享乐而不得善终。小到挖肉补疮、苟且偷安、漏脯充饥、今朝有酒今朝醉，更留下焚林而田、疗疮剜肉、竭泽而渔、竭泽焚薮等诸多寓言典故。而历代贪官污吏为一时之利而丧命的就更多了，比较著名的如南宋权臣陈自强极尽敛财之能死于流放地；明朝御史刘观贪污受贿，被贬辽东戍边而死；乾隆宠臣和珅以巨贪闻名终落得被赐自尽抄家的下场，留下"和珅跌倒，嘉庆吃饱"的民谣。

当然，有史以来舍利取义的也数不胜数，如孔融让梨、晏殊复试、诚归玉带（裴度）、陆元方卖宅不掩短、明山宾诚实卖牛、杨震暮夜却金、公仪休拒鱼……

更有屈原、荀巨伯、文天祥、杨涟、左光斗、邓世昌等舍生取义之士。

而当代企业之于这方面的例子也很多，正面的例如海尔砸冰箱、格力百万巨奖推行"零缺陷"工程……最令人警醒的还是那些负面的例子，如三鹿奶粉三聚氰胺事件；安然急功近利挺进知识经济电子交易前沿导致公司失控破产；三星以竞争对手为标尺赶追苹果，轻忽质量倒向市场，却因质量问题自燃引爆……

欲望与贪婪总是让企业和个人迷失方向，甚至失去了明辨是非的能力，只顾眼前利益而不顾后患，只顾局部而不顾整体，只顾一己之私而不顾他人和社会，最终为了蝇头小利而贻笑大方，遭受损失也罢，甚至人生、事业一败涂地，给社会带来重重隐患，那就不仅仅是因小失大、得不偿失的问题了。

怎样处理"义利"矛盾关系？一个有远见的企业家，不会只看眼前利益而忽视企业的长远发展。那些舍义取利、见利忘义、为富不仁的行为显然是短视而为人不齿的。历史证明，以利为导向的企业不会长久，社会上那些触目惊心的劣迹归根结底都是利益驱动的结果，以利为中心的社会物欲横流，只能形成信任失守、人人设防、处处是墙、恶性循环的局面。

义以生利，是相对明智的做法，却并不是具有普适性的；先义后利还是先利后义，如同妻母同时落水先救谁的历史难题。这就需要企业家有着长远的眼光和认知。当你可以超越眼前利益，立意高远（高瞻远瞩），可以见利思义，甚至舍利取义，自然赢得人心，得人心者得天下。这就是一个近似社会企业家的胸怀了。如果用一个比较当下的语境来说，社会企业家要树立科学的义利观，就是以社会价值的最大化为导向，而不是以利益最大化为原则。

2015年，位居深圳的社投盟发起一年一度的"义利99"企业社会价值评估项目，试图量化企业社会价值，从目标的驱动力、方式的创新力和效益的转化力等三方面综合考察上市公司，寻求着义利之间的融合点，它在实证"一个关注社会议题的企业，一个以社会利益为使命的企业，常常也是更有盈利能力、更有可持续能力的企业"，其实也就是企业的"义以生利"。

其实，我们所说的"义"，你可以理解为道义，或者说合适的道德原则，所谓"义者，宜也"（《中庸》），其实还有一个更好的解释，就是良知。对于社会企业家而言，"义"就是社会良知。

中外良知说

重新翻阅历史，周游列国的孟子提出良知——"所不虑而知者，其良知也"（《孟子·尽心章句上》）——这是有史可查的最早见到的关于良知的文字。一千年后，宋代理学大师朱熹在岳麓书院与张栻会讲，三天三夜论辩"观过知仁"，可谓"良知"论辩的先声。到了明代，王阳明经历了格竹的执着、刘瑾的廷杖、龙场悟道，悲愤的逃亡，平叛的奋战，和如此多的官场风波，几起几落，终于确切地提出"良知"说，及至临终，门人问他有什么遗言？他说："此心光明，亦复何言。"

其实，"良知"早已进入哲学体系。以欧洲哲学"良知"的结构因素与历史发展为例，似乎比今人还清醒。2400年前的古希腊，民主制因处死苏格拉底而被历史抛弃。斯多葛派祭起人类的良知作为最高法则，认为良心是"人内心的神"。从那时到中世纪，"良知"的概念充满道德色彩。你会发现"无论是在古希腊文的'suneidhsiV'中，还是在拉丁文的'conscientia'中；无论是在英文、法文的'conscience'中，还是在德文的'Gewissen'中，'良知'都带有'觉晓'或'确知'的词干"。

17世纪，笛卡尔（René Descartes）视理性为天赋"良知"，并确立了"我思（cogito）"的哲思原点。约翰·洛克（John Locke）则否认"良知"是天生的道德规则，而莱布尼茨（Gottfried Wilhelm Leibniz）又将"良知"与"自身意识"相联系，到18世纪的休谟（David Hume6）那里又再次失联，"良知"被休谟视为诸多内部印象或道德感中的一种。康德（Immanuel Kant）提出了与休谟经验论相反的形式主义良知论，认为那是内省的原则。素来忧伤、悲观的叔本华（Arthur Schopenhauer）强调良心的主观一面，认为那是"道德的自我决定"。黑格尔（Georg Wilhelm Friedrich Hegel）把道德与伦理严格分开，指出良心的非主观性，称其具有客观的现实性和合理性。19世纪感性的费尔巴哈（Ludwig Andreas Feuerbach）视良心为"他人幸福的代理者"，指出良心受制于人际利益关系。20世纪的海德格尔（Martin Heidegger）将对生存意义的领悟称为良知……

当你翻越2000年来西方尤其欧洲各种学派学说的崇山峻岭，良知说在其间时隐时现，从未因历史繁衍而消磨。对良知的认识，由先天而后天，经外求至内求，从主观到客观，一直众说纷纭。历史总是惊人的相似，战争、饥荒、疾病、权力不时左右着人们的灵魂，有良知的泯灭就有良知的复苏。人们对良知的认识与呼唤总是一次又一次地从头开始，循环往复。有时反是那些前人，更有先见之明。

企业良知说

是时候讲一讲企业的良知了。

企业良知源于企业家的良知，这个带有个人道德色彩的概念自然要从个人身上追本溯源，而把它用在企业这样的组织理念上，那就是企业家的个人道德意识的折射与显影，也就意味着企业家的个人道德意识上升为组织的道德导向，而呈现于社会。

社会企业有诸多定义，国外对社会企业有一个非官方的定义是：Based on conscience, the enterprise's goal is to solve social problems. 意思是，基于良知而创办的解决社会问题的企业。

这是直接将"良知"与"社会企业"相连接，并作为社会企业的一个基本元素。

一个企业或者说企业家的良知，在于对正当价值的坚守，以及对不良行径的抵制。

坚守良知的底线，或许需要付出很大的代价，但倘若每个企业都不坚守，都成为破坏者，底线摇摇欲坠，社会必然千疮百孔，终将殃及自身。

坚守良知的底线，应当成为社会企业家坚定的内心信念和道德守则。只有具有坚强清洁的精神和高尚的品格，才能带动内心严格的理性自律，从而产生巨大的动力和无私无畏的勇气，抵御诱惑，坦然面对误解和指责，引领和支撑社会企业，树立良好恒久的企业形象，走上不断发展的大道，并以此影响和感化社会。坚守良知，做到仰不愧天，俯不愧地，内不愧心，是为自勉，亦作共勉。

这里我们有必要回顾一下 2010 年 10 月末，由联合国教科文组织与第一财经日报联合主办的"第二届中国商亦载道论坛"上十余位著名企业家联合发布的《企业良知底线宣言与倡议》，原文如下，以资共勉：

1. 我以人格与信用保证并倡议：企业将所有商业恶行视为"与民为敌"，故永不与恶行同流，即使某种恶行已经"普遍化、潜规则化"，公司将首先奉行守法、合规经营；

2. 我以人格与信用保证并倡议：领导以身作则，全体职员将以虔敬之心管控每一道生产环节，有如守护生命一般守护产品品质，坚守产品安全责任，绝不坑害、欺瞒消费者；

3. 我以人格与信用保证并倡议：企业坚守并善尽对全体职员的基本福利责任与人文关怀，不以"竞争激烈"之名对员工施以有违人道的重压；同时，尊重员工多元文化价值取向，将呵护员工尊严视为呵护企业尊严；

4. 我以人格与信用保证并倡议：无论某个合作商在企业链中多么无关紧要或弱势，我们都将坚守并善尽对所有上下游商业合作伙伴的诚信责任与人道尊重；

5. 我以人格与信用保证并倡议：无论社会法规、监管是否完善、到位，坚守并善尽环境保护之责，永不以"做大之名"在环境保护上掉以轻心。企业立誓以"干净的心"与"干净的行动"，为子孙后代的生存环境负责；

6. 我以人格与信用保证并倡议：以公平与恭敬之心善待他人与社会，将此视为坚如磐石的企业信念，让企业经营变成"阳光行动"，倡导正确价值观，不给员工留下任何身心伤害；

7. 我以人格与信用保证并倡议：无论社会、行业风气如何，坚守良知与伦理底线，不做昧良心行为，坚守所有上述基本的企业社会责任底线；

8. 因为我们是企业组织而不是圣贤组织，难免会在各种工作细节中出现疏漏或错误。但本人仍以人格与信用保证并倡议：本组织无论出现任何大小事件，都将坦诚面对、负责到底，永不躲避监督、掩饰错误甚至推卸应负之天责；

9. 我以人格和信用保证并倡议：永不以虚假捐助或虚假慈善宣传沽名钓誉；同时，无论虚实，永远不以慈善捐助之"社会贡献行为"替代或因此忽视对上述基本社会责任的履行和伦理良知的坚守。

天人观与方法论

中国古代的"天人观"对于当代经济新生态价值观的重构有着现实价值以至于相互作用的辩证关系。而西方的方法论在社会资本、经济周期、现代企业演化上体现了其应用价值，它也是提高社会企业家精神素养的重要途径，在整个社会企业家思想体系中占有重要的一席之地。

中国传统天人观

社会企业家在追求企业与社会和谐发展的同时，更应该注重人与自然的和谐。相对于经济环境、科技环境、政治法律环境、社会文化环境而言，自然环境更为重要，它关乎整个人类社会的存在。在历史的变迁中，人类的经济文化活动与之共生又矛盾重重，对自然环境的破坏给人类的生活带来了严峻的影响，自然资源的过度开发与消耗造成了生态的失衡与恶化，以至于某些物种灭绝、疾病滋生、森林资源匮乏、草场退化、全球变暖、水土流失、土地荒漠化、能源短缺、淡水资源危机、垃圾成灾、工业污染、有毒化学品污染、食品污染，甚至有粮食短缺、资源争夺之忧。

本着高度的社会责任意识和可持续发展的观念，社会企业家对合理利用自然资源、保护自然环境同样抱有不可推卸的责任和义务。我们应该清楚，自然环境的恶化根源就是人类的无序扩张、对其他物种的挤压、对资源的肆意破坏与消耗，企业作为自然资源的主要消耗者和自然环境的污染者，是责无旁贷的。作为企业中的一员，社会企业家应当以长远的眼光，借助社会企业自身的优势，为保护自然生态环境和自然资源作出不懈的努力。

对自然环境与人的关系的认识，是自古以来就有的，被称为天人观（天在这里有时也意味着最高原理）。《易》之开篇就说"天行健，君子以自强不息"（意为：自然天道的运行刚劲雄健，君子也应自力图强，永不停息）；人到暮年的孔子说"惟天为大"；孟子说"尽其心者，知其性也。知其性，则知天矣。存其心，养其性，所以事天也"（意为：充分实践内心的觉知，就会知道自我的根本天性。知道了生命本元的天性，就懂得了自然的规律。保存内心灵性的觉知，养育本元天性，这就是符合自然规律而行作的正确方法）；老子说"人法地，地法天，天法道，道法自然"；庄子说"知天之所为，知人之所为者，至矣。知天之所为者，天而生也；知人之所为者，以其知之所知以养其知之所不知，终其天年而不中道夭者，是知之盛也"（意为：了解自然的法则，并且知道人的准则，就达到了认知的极致。懂得自然的法则，是懂得顺应自然的道理；了解人的行为准则，是用他的智慧所拥有的知识顺应他智慧所未能拥有的知识，直到自然死亡而不至于夭折，这大概就是认识的极致了）；墨子说"爱人利人，顺天之意"；荀子说"从天而颂之，孰与制天命而用之"（意为：与其顺从天而赞美它，哪里比得上控制自然的变化规律而利用它呢）；董仲舒提出"天人同类""天人感应"；韩愈提出"天人相乖"；王充提出"天道自然"（意为：天是自然之天，万物自然而生，天道自然而然），所谓"天地合气，万物自来"，并倡导元气一元论；柳宗元说"天人不相预"；刘禹锡说"天与人交相胜，还相用"；张载说"因明致诚，因诚致明，故天人合一"（意为：由明察人伦而通达天理之诚，由通达天理之诚而洞明世事，因此天与人相合为一），主张"天人一气"的身体观，提出"横渠四句"有"为天地立心"；程颢"以天地万物为一体"，程颐强调"天人一道"，"二程"一起创立了"天理"学说；朱熹说"天人一物，内外一理"（意为：天理与人性是一致的）并强调"人者，天地之心"，提出"存天理，灭人欲"；陆九渊以"心"为"理"，给"天"以"心"的本质含义，说"天之所与我者，即此心也"；王阳明更在"心即天理"的思想上，提出良知说，谓为致人心之良知即能"以天地万物为一体"；曾国藩"畏天命"，把天的自然性质引申为避祸的启示和时运际遇的指导……

总体来说，中国传统还是以追求"天人合一"的观念为主，这贯穿在儒释道的思想中成为一种至高境界，并给当代社会企业家以启示，对社会价值共同体的建构有着深远影响。

西方天人观

与中国的"天人合一"有别的西方"天人观"，以"天人相分"为主，形成二元对立、物竞天择的理念（法则）。西方的"天"被赋予自然神性，带以宗教虔诚与批判思辨性，随着对神学的奴役的消解（文艺复兴把西方民众从神权观念与对神的依赖的枷锁中解放出来），宗教变得人性化，连画中圣母也与常人无异，于是"人神合一"。

启蒙运动后，西方社会中，宗教神学的权位日渐式微，形而上的世界观逐步枯萎，为人本理性所取代。从神赋予人的权利（"凡地上的走兽和空中的飞鸟，都必惊恐、惧怕你们；连地上一切的昆虫并海里一切的鱼，都交付你们的手。凡活着的动物，都可以做你们的食物，这一切我都赐给你们，如同菜蔬一样。"——《圣经》），到"人是万物的尺度"（罗泰戈拉），到"为自然立法"（康德），到以自然界为生产劳动的材料，再到人定胜天（"全部文明的进程是以精神法则战胜自然法则——人战胜自然为标志的"——亨利·托马斯·布克尔《英国文明史》）……

随着"人定胜天"的口号，工业革命打破了区域之间的文化经济壁垒和欧亚大陆原来农耕社会的平衡格局，近现代科学与技术的突飞猛进让西方崛起与强大，但对自然环境的破坏也日趋严重，尤其是发达国家的工业化进程几乎都经历了先污染后治理过程，留下了许多教训。

20世纪中叶以后，全球性生态环境危机在西方社会引起强烈反思，新环境论以《沙乡年鉴》问世成为生态哲学的一个范式。随后，《寂静的春天》的出版被视为20世纪保护环境的标志性思想成果，书中否定了人定胜天，嘲讽控制自然的说法是"一个妄自尊大的想象产物"，是"当生物学和哲学还处于低级阶段的产物"，指出"当人们设想中的控制自然就是要大自然为人们的方便有利而存在，这真是我们的巨大不幸"。

现代生态伦理思想诞生，对西方天人两分的哲学传统、近代机械主义自然观、狭隘的人类中心主义、功利主义、征服自然的自由观进行了批判，并从浅生态运动走向深生态运动，形成与中国的"道法自然""天人合一"相通的整体自然观。可以说是西方现代"天人观"的"东方转向"。

20世纪70年代以来，西方环保主义运动、绿色和平运动迭起，出现了代表深绿色意识形态的盖亚学说、逐年成为显学的伞状结构的生态女性主义……西方国家和企业在治理自然环境污染、节能减排上不断加大投资，立约立法（制定环境保护法），大力开展环境科学研究，积极开发环保产业技术，保育自然生态环境，以宣传和反映人类生态思想和保护生态环境为主题的生态电影也层出不穷、欣欣向荣。这一切也给中国的环保事业带来了一些启示。

社会企业生态伦理

保护自然生态环境，也是企业不可推卸的责任。社会企业家更要树立牢固的自然环境保护意识，以生态伦理推进生态文明，树立新的"天人观"。

一方面，认识到传统"天人合一"观念的价值和局限性。它是有机而整体的认识，蕴含着经历过思想的洗礼和证伪的人与自然和谐共处的科学真理，不过也有着主观与唯心的成分，往往被曲解与机械地运用（以至于乱用），毕竟"天人合一"是在以农为本的经济发展历史进程中形成的，它也因过分强调和谐统一，造成封建社会长期停滞，缺乏变革与科学进取的精神。从自然生态保护的角度讲，"天人合一"观念缺乏系统的分解与实证，不利于全面分析自然环境的负面因素及其自然灾害产生的原因，限制了人类改善自然环境、抗灾救灾的主观能动性，导致在自然灾害应对方面缺乏针对性而消极被动。

一方面，认识到主动改善自然环境，防患于未然，优化人与自然的关系的重要性。首先是以理性进行自我约束，认识到环境保护的实质是人类的自我保护，即保护人类持续存在的条件。社会企业家要采取主动，了解现状和环境，推行环保措施，实行绿色发展战略，以绿色环保为企业运营的底线，建立绿色机制，将科技、创新与环保结合，并遵循生态补偿原则，把环保作为企业未来发展的契机，对生产垃圾进行科学处理，使其更有利于生态环境的良性延续，这也是社会企业的后续性社会责任。

同时，社会企业家也要改变自己的思维方式和活动方式，倡导节能减排，践行低碳生活，积极应对气候环境的变化，借助大自然赋予我们生存发展的条件，借助知识与创造能力的结合来改造自然；主动亲近大自然，带着孩子和团队走进大自然中去。正如爱默生所说："培养好人的秘诀就是让他在大自然中生活。"焕发天性，改善自然缺失症（Nature Deficit Disorder）让他们和自己都变得精神富足，更具有爱心、创造力和安全感。

生态环保方法论

恩格斯有一段著名的论断："我们不要过分陶醉于我们人类对自然界的胜利。对于每一次这样的胜利，自然界都对我们进行报复。每一次胜利，起初确实取得了我们预期的结果，但是往后和再往后却发生完全不同的、出乎预料的影响，常常把最初的结果又消除了。"

客观地认识到人与自然的辩证关系，抛弃人类以往那种妄自尊大地把自己凌驾于自然之上的无知，这是处理好人类社会与自然和谐共生的一个前提。其实，我们的社会问题又何尝不是客观地蕴含于人与自然的关系之中，对自然的漠视、践踏和破坏都导致了严重而突出的社会问题，并影响着人类的健康和生存，甚至带来毁灭性的灾难。

在我们首届全球社会企业家生态论坛上，联合国第七任秘书长安南先生说："在中国以及世界其他国家和地区，我们正以一种惊人的速度剥夺着有限的资源，从而对自然环境和地球造成了不可估量的破坏。数以百万计的人民遭受大面积的空气污染、饮用水资源污染、耕地资源退化的危机。2010 年，环境恶化对中国造成的经济损失约达 2300 亿美元，相当于葡萄牙现在的国内生产总值，所以我再次呼吁，各个企业无论规模大小，都应将实现可持续发展融入他们的营销策略、生产流程和企业价值链中。"

　　和灵资本董事长卞华舵先生谈到创造和谐的自然生态，他说："这些年来，经济突飞猛进地发展……但是，随着经济发展，我们的这种野蛮生长已经给生态环境带来严重的破坏，不仅看到水污染、食品安全、大气污染，现在还有一个污染非常严重，大量的土地被污染……这将导致在被污染的土地上长出来的东西都是有问题的。如果我们的社会经济发展了，环境被破坏了，这样的发展又有什么意义？所以党和政府把生态文明提到与经济建设同等重要的高度。今天的企业家要特别强调对环境的责任，这个问题已经成为世界各国领袖关注的话题。"

　　中国生态文明研究与促进会副会长王春益先生说："生态文明是人类文明发展的一个新阶段，生态文明的本质就是要实现人与自然、人与社会、人与人的和谐。翻开历史的画卷，大家知道古巴比伦、古埃及、古印度，诸多古老文明大多源于水草丰沛、森林茂密、田野肥沃、生态良好的地区，随着人类活动的加剧，生态状况的急剧变化，让这些一度兴盛的古代文明由盛转衰，甚至走向了毁灭。我们人类只有一个地球，而这个地球不是我们这一代从上一代人手里继承下来的，而是我们从下一代人的手里面借来的。我们不能吃着祖宗的饭，造着子孙的孽……希望我们的企业界、社会界、政府界都共同遵守生态文明的理念，生态文明绿色发展是我们人类共同的追求。"

　　社会企业家以解决社会问题为出发点，其实，首先就要考虑人与自然的关系，也就是古往今来反复探讨的天人观，落地的就是自然生态环境的保护问题。

　　对于自然生态环境的保护不能仅仅停留在认识上，更需要方法论、实践论。在全球化的今天，方法论也需要中外互释与融合，它是应对全球自然生态问题的必然抉择。中国的传统方法论从唯象思维（《周易》）、中庸之道，到格物致知、验迹原理（沈括），到借鉴于西方的归纳法、演绎法等，至今仍有其生命力，并为我们这个新世纪的方法论重建奠定了根基。西方的方法论从演绎法、归纳法、先验主义、丛林法则、自然主义、二元论、唯意志主义、生命哲学、怀疑论、人本主义、实证主义、理性主义、实用主义、科学发展范式、现象学、存在主义、经验主义、结构主义、二律背反，到后现代主义、解构主义、多元主义、个人本位论、历史非决定论……如同西方擅长的逻辑推理演进着其不断的博弈，而在社会资本、经济周期、现代企业演化上更体现了其应用价值。

可以说，一个方法论就是一本书，它关联到（结合）认识论、系统论、突变论、控制论、信息论、协同学、耗散结构论、混沌学、演化论……在此，我们仅做一个删繁就简的陈述。

社会企业家从事某行业或项目首先应当考虑它对自然环境的影响是好是坏，在自然生态的大系统上必然是趋好避坏，也就是重在自然生态的主体性和环境的利好性，构建起有利于整个自然生态系统的事业体系。同时，强调社会问题的不同解决路径，突出多样性、系统性和嵌套性等。社会问题是嵌套于生态系统中的，嵌套中的生态循环因而备为重要。防患于未然，事前考虑，以广阔的、宏观的自然生态环境为首要，再到微观系统、中间系统、时间维度等层面，也就在考虑事情在自然界大系统之间及其与子系统之间、子系统与子系统之间的纵向与横向联系和利弊，从而以利于形成整体生态链的良性循环为根本。

机械自然观和"主客二分"的二元论传统已是众矢之的，代之以统一性原理。简单的还原主义忽视了人与自然的内在联系和丰富性，带着人为操纵的意味，置自然于人的对立面，也必然被抛弃。线性思维片面地强调经济发展，而以自然生态的损失为代价，终将祸及自身。只有构建科学系统的方法论并努力践行，才是解决自然生态危机以及由此带来的社会问题的正确途径。

以自然生态为核心的方法论中外融合，从宏观到微观，从表象到深层，从惯性到弹性，从静态到动态，从实证化到系统化，从路径依赖到互为依存……转变传统粗放式发展模式，更注重动态过程变化趋势与规律，形成生态循环新格局。

第七章

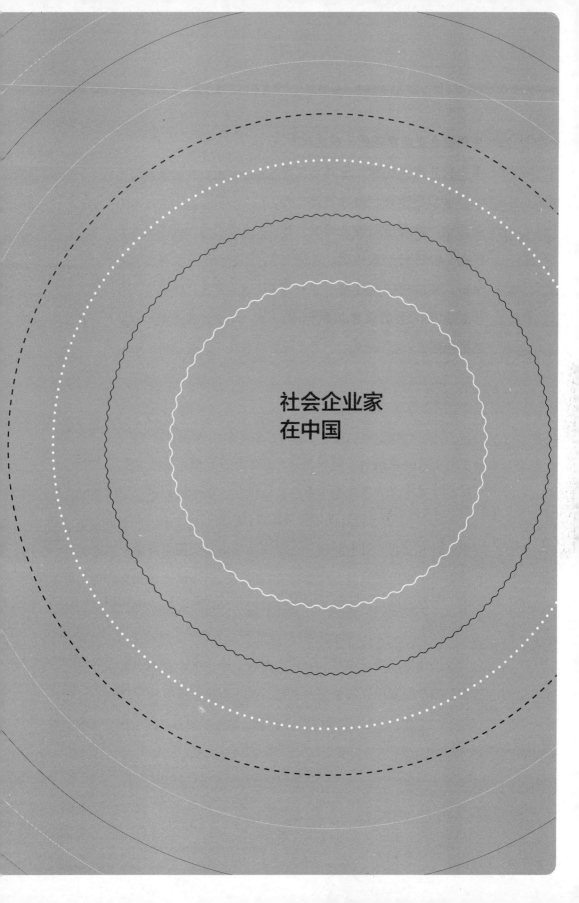

社会企业家
在中国

中国社会企业家还处于萌芽状态。虽小荷才露尖尖角，但其意义深远。从社会责任、自身基础、公益活动、发展思路等方面就对标样本企业进行个案梳理、备研与分析，完成对中国社会企业家精神的实证，为后来者提供信息、途径与经验。

曹德旺——福耀玻璃

他被《南方人物周刊》评价为"真正的首善"，他用二十几年时间建立了一个跨国集团，并为社会公益和慈善捐赠累计110多亿元，被称为"最慷慨的企业家"。2009年5月30日，他获得"安永全球企业家大奖"，2011年胡润中国慈善榜发布，他成为当之无愧的中国首善。曹德旺先生有很多头衔，但他的名片上却只有福耀玻璃集团董事长的名号，别无其他。

说到中国社会企业家，少不了福耀玻璃集团董事长曹德旺先生。虽然曹德旺先生创业的出发点并非直指社会责任，为了谋生，他放过牛，卖过烟丝，贩过水果，拉过板车，修过自行车，种过白木耳，当过水库工地炊事员、修理员、知青连农技员，还倒过果树苗，曹德旺所想的只是一个再朴素不过的道理："我所有的动力都来源于'过好日子'的美好愿望。"他在别人的白眼下尝尽世态炎凉，生活的艰辛锻造出来了这个铁骨铮铮的风尘硬汉。

20世纪70年代后期，他成为玻璃厂的采购员，到了20世纪80年代，他承包了这家年年亏损的乡镇小厂，披荆斩棘，艰苦创业，这位爽直、务实、充满血性的福清哥迎难而上，逆风而行，带领全厂走出困境。他将主业迅速转向汽车玻璃，结束了中国汽车玻璃依赖进口的历史。他不行贿，不巴结，以人格做事，坦言"没送过一盒月饼"；他不畏霸权，据理力争，相继打赢了加拿大、美国两个反倾销案，震惊世界；他施诚以薄己，取信而厚人，常言谋"利"必履行"义"（这便是一位社会企业家的义利观）；他回报社会，热衷慈善，在经营企业、创造利润价值的同时，积极履行社会责任，对于几十年来，他个人累计捐赠逾百亿的财施，他轻描淡写地用"小善"一言蔽之。

2009年5月，曹德旺登顶企业界奥斯卡之称的"安永全球企业家大奖"，是首位华人获得者。2011年，曹德旺捐出名下3亿股福耀玻璃股票发起成立的河仁慈善基金会，开创了股票形式支持社会公益的先河，推动中国慈善法制进程，探索现代慈善的制度创新，并被社会称为"真正的中国首善"。一如时人所云：当商业人物和机构整体失色于社会公共话题时，福耀玻璃董事长曹德旺先生却开创慈善与商业运作模式对接，追求更广意义上的中国慈善事业流程的规范和效率。

在谈到与慈善有关的背景时，他提到几个生态因素：一是政治生态，大善为政；二是文化生态，要倡导国民行为素质的提升；是经济生态，要提倡诚实守信、童叟无欺、善待他人；四是社会生态，就是分配公平，懂得感恩，不能沽名钓誉。

词云：

凭目玻璃世事艰。施诚薄己尽寒暄。厚人取信总相援。

慈行履义真首善，桂冠安永落旃檀。河仁释卷半沉禅。

（浣溪沙　词林正韵　第七部）

张跃——远大集团

他被誉为中国"民企领袖"，20 世纪 80 年代中，他辞去教职，从无压锅炉到中央空调直燃机，从技术研制到下海创立"远大"，名声大噪，荣登"世界 100 位最富同情心的创新领袖榜"，从中国第一个拥有飞机驾照的企业家到倡导环保理论的"低碳达人"，他一直走在时代前沿，在否定中飞跃，用服务代替销售，用价值代替价格，用绿色代替能耗，又因"世界第一高楼"豪赌与可持续建筑的探索，再度举世瞩目。他不遗余力地为社会的发展做着努力和改善，体现着一位社会企业家的精神和胸怀，如他所言，中国企业家首先要革自己的命，应该对担负起社会责任有所觉悟。

如果说张跃先生曾因成为首位拥有飞机驾照的企业家而蜚声中外，那么他近年来在各种场合倡导低碳理论以及公益之举，则把他推到了社会企业家的位置上。

他说：企业家的社会责任很多，公益行为、慈善行为要少讲多做，完全不讲也不对，要使社会上一直存在"公益"的声音，是很重要的，但如果是出于"炒作"的目的，那是没有意义的。"公益"是一个全民要关注的问题，是一种责任，付出多一些，回报也会多。

他以直燃式中央空调起家，却为了推动全社会环保消灭空调；他是个技术狂人，简明扼要地表达技术追求和价值所在：健康、节能；他锚定"远大"命名企业，提出"保护生命"的企业理念；他奉行环境至上，将企业文化体系建立在自然法则基础上，将环保理念植入每一位员工的思想；他以创新为内核，创造社会价值，体现了一位社会企业家的远大视野。

诗云：

莫使飞将鬓染秋，犹倡低碳淬吴钩。

直燃空调前窗坐，远大高楼志未酬。

（七绝｜平水韵｜十一尤）

茅理翔 / 茅忠群——方太集团

他是商界的传奇人物，曾被外商誉为"世界点火枪大王"，从"点火枪"到方太厨具，遍历艰辛，一手建立起"中国厨具行业第一品牌"方太集团，他三次创业，年过花甲再办长青学院，他以学者型企业家的形象出现，提出"三三制模式""淡化家族制""口袋论""企业发展平台论"等，敲开民企家族传承之门，被列为 MBA 教学的经典案例……

作为第一代创业者，茅理翔先生凭着点火枪起家，几度遭遇模仿与价格战等危机，他逆流而上，与茅忠群约法三章另起炉灶，父子二人锚定"厨具"，再造"方太"，实现乡企二次创业转轨，随着"带三年、帮三年、看三年"的过渡与交接，成为初代民营企业"父子兵"的典范。

茅忠群先生同台创业，唯品避亲，推行儒道，重塑方太，渐成"中学明道、西学优术、中西合璧、以道御术"的现代儒家管理模式，他以"不打价格战、不上市、不欺骗"三"不"戒律再现仁德诚信之本，他以"不争之争"开拓高端蓝海，他借"身股制"激活团队原动力，一身儒雅，中体西传，以儒治企，创新增长，稳居翘楚，无愧为厚德载物的现代新"儒商"。

这举旗方太的父子兵，提倡"义利合一"，先后向 NGO 等组织、地震、洪涝灾区以及中小学和高校学生累计捐款近 3000 万元，为让公益更为系统和持续，2010 年成立了"慈善基金会"。这仅仅被他们视为整个社会责任的冰山一角。

他们提出"法律责任、发展责任、道义责任"为方太的社会责任理念，他们强调"中国智慧"，摒弃丛林法则，超越零和博弈，在崇尚资本、规模与速度的市场环境中，拒绝短期加速扩张的诱惑，有钱不赚，放弃财富膨胀的机会，拒绝投机，甚至拒不上市（拒绝通过上市让企业"快速长大"）。他们以仁爱为创新之源，至善为终极目标，带领方太向着"一家伟大的企业"的愿景不懈努力，为了实现人类命运共同体而贡献此生。他们是我们这个时代的社会企业家"父子兵"。

词云：

起灶庖厨多逆流。再营方太海中游。出征父子报三秋。

中体西传诚为本，匠心儒道豁新眸。长青至善又从头。

（浣溪沙　词林正韵　第十二部）

蒋锡培——远东集团

从修表匠白手起家，蒋锡培先生历经曲折，20 世纪 90 年代初自筹资金办厂，专注电缆行业，左冲右突，从温州模式到苏南模式，从家族作坊到股份制企业，再到民营控股集团，二十余年的远东之路几乎就是这个时代的一个体改缩影，远东成为以电线电缆、医药、房地产、生化和投资为核心业务的大型民营股份制企业集团，成为杰出的行业领袖，蒋锡培先生也从而入围 2014 年度华人经济领袖，荣获"2015 中国经济创新人物"奖，亚洲品牌十大杰出领袖，江苏省优秀企业家称号等。

　　他坦言，"34年前，做企业就是为了养家糊口，能够过上好一点的生活，那个时候没有太高尚的境界。真正意识到这个问题是在第一次创业失败以后，第二次创业开始的时候。"就在那个时候，远东开始打造企业文化，提出"创造价值、服务社会"的企业使命；"共建共享安全绿色美好生活"的企业愿景；"以客户为核心，梦想激情，诚信务实，倡新倡优，以及自我批判，合理共赢"的企业核心价值观。他锚定了远东的三大事业：产业事业、教育事业与公益慈善事业。三者齐头并进。

　　早在九十年代初期，除了访贫问苦，捐钱送物，他已经开始关注和优先安排残障者就业，并每年培训三到五千身障人士，在全国资助众多盲人开店，如按摩店、足疗店以及小商店等，而其远东集团是目前中国安置身障人士最多的企业，迄今为止，集团内部便有近一千多名身障人士，他们既是员工，又是家人。2007年5月，远东控股捐资8296万元，成立了中国首个最大定向资助身障人士培训和就业的基金会。成为中国身障人士公益事业的一个里程碑。

　　在教育上，远东大学是5600多所企业大学当中的十大商学院之一，远东人与其相关者心手相连，服务民众，与其他慈善组织互相取长补短，使公益慈善事业越做越好。

　　他说，"企业家的境界和格局决定了企业的未来。你有什么样的境界，有什么样的格局，就代表你有什么样的未来。你有什么样的起心动念，你有什么样的梦想激情，就有什么样的未来。"

　　他说，"在这个时代，企业只有跟社会同频共振，才有更好的未来。因此，企业要与国家、客户、伙伴、员工成为共同体。其中，利益共同体是基础，使命共同体和命运共同体是保障。"

　　诗云：

多年体改民营路，半世经商电缆王。

心系身障终有处，手牵公益更须长。

（七绝 | 平水韵 | 七阳）

王梓木——华泰保险

作为华泰保险的掌门人，他以社会价值为导向，为人们保驾护航，扶贫济困，华泰开发的众多保险产品，让人们的生产和生活更为安全和安定，对社会的稳定与和谐都发挥着极为重要的作用。他呼吁新时代企业家精神应以追求社会价值为核心理念，总结这一代企业家的社会职责有两项，那就是不仅要创造社会财富，还要推动社会进步。推动社会进步最重要的就是追求企业社会价值的最大化。

他是"92"派的企业家，从一个下乡知青到工农兵大学生，再到中央党校的首批硕士生，他学而优则仕，入主经贸委，走过了人生前半场，却蓦然调转了航向，弃仕途而下海，用未来 20 年的政治前途做抵押，换得一家负有"领锋"盛名的华泰财险集团，深厚的经济学素养、独具的人格魅力，华泰保险引领 EA 模式中国落地之路，以"质量效益型"成为中国保险业转型的典范，又以"利润增长型"向"价值成长型"转变，创造了中国保险企业健康成长的佳话，王梓木认为，保险企业的公众性和公益性，使其具有天然的社会企业禀赋。引领行业走稳健经营之路，为他赢得了今日掌声。

他不忘初心，执掌华泰保险搭建公益支持体系，打造品牌公益项目。从 23 年前以援建希望小学为开门红到于众高校设立贫困助学金，从抗震救灾捐款捐物到建立博爱基金，从认购果树一树一捐到"泰大米"助销，从"小小铅笔"爱心公益到支持"一带一路"倡议、国家重点工程，探索创新，精准扶贫，以保险公益的先锋姿态，他将华泰保险的使命定义为"使人们的生活品质不为风险所改变"。

词云：

> 学养问经弃仕途。引头 EA 出茅庐。烛微尽善一卷书。
> 华泰护航公益路，领锋保险尚如初。赈灾济困不停步。

（浣溪沙　词林正韵　第四部）

丁立国——德龙集团

了解了他，才能了解中国钢铁是怎样炼成的。十余年的艰苦创业，造就了一代钢铁大王，而其经历生死劫，浴火重生，以德立名，发起成立慈弘慈善基金会，环保投入不设上限，慈善事业屡有建树，以创造财富并奉献社会的理想和行动，诠释着一位企业家应有的价值标尺，充分体现了社会企业家的精神风范和优异品质。

他独闯深圳，落脚物资局进货钢材，他回乡创业，锚定钢铁，从渠道到终端，从贸易到实业，组建"立国"集团，打造钢铁王国。他接盘停产企业，扭亏为盈，投入高技术生产线，走在时代前沿。

他心系公益，抗震救灾，兴办电力、水利工程、修路、修桥，共计捐资6000余万元。他以中国5A级基金会为慈善之花，并设"立国济困资助奖学金"；从开设偏远地区的图书角到成立打工子弟的阳光之家，他携其企业资助百万人，惠及1700余所学校。

他践行环保理念，厉行"五化"（生产洁净化、制造绿色化、厂区园林化、建筑艺术化、标准四A化），坚守自然和谐共生，与城市和谐相处。

他说，大商留名，小商留利，在做事业的同时应该给社会留下些财富以外的东西。

诗云：

　　　　历尽艰关百炼钢，劫通生死一朝长。
　　　　慈弘立德承新善，五化留名绿旧妆。

（七绝|平水韵|七阳）

夏华——依文集团

她被称为"商界木兰"，凭借着大胆创意及深厚的人文情怀，使依文企业成为中国男装领域的翘楚。20年创建了5大中国时装品牌；她是服装界唯一被央视《东方之子》报道过的女性企业家；荣获2005年"中国经济女性年度人物"称号，被评为"最具影响力的企业家"。

她以巾帼之姿独步男装之巅；以公益情怀创立中国手工坊；她集数千绣娘，缔造全球街头时尚；发扬民族工艺，实现社会效益；她连接智能终端，酝酿生态系统；她将传统与现代链接，创造管家服务模式，高标信步时代。

如果说她一手打造"依文"品牌的启幕，让中国服装告别了"灰黑蓝"时代，那么从"新零售"维度（匠心、极致、场景、体验、服务）到"心零售"，则赋予了服装全新的情感属性、时尚精神，"释放中国文化原力，打造出有温度、有态度的专属时尚服务"。

从格子西装的色彩革命到"服装＋互联网"的产业转型，从"服装制造"到"服装集合智造"，从家庭式的"绣梦工厂"到国际化的"深山集市"，从柔性生产共同体到中国手工坊新IP，她带领依文不断创新、转变、发现、链接、重构……

她说：一个时代的企业无悔于过去做的每一件事，今天做中国手工艺，无论赚钱，还是赔钱，我不后悔，是因为它真的有价值和意义。一个时代的企业，无怨于今天发生的任何的可能性，因为无论发生什么，我们都可以把它变危机为机会。一个时代的企业无惧于未来，因为我们已经不是一个人，是一群人一起，有利他的思维，有共同的智慧，一起去创造集体的中国企业的辉煌。

诗云：

巾帼折履入男装，信步街头亮锦裳。

柔链管家新IP，深山绣梦智倾囊。

（七绝｜中华新韵｜十唐）

王正华——春秋集团

他是春秋航空董事长，被誉为"中国低成本航空第一人"，他以低成本运营的方式拓展航空业务，在他的努力下，让更多普通大众坐得起飞机，让乘飞机旅游进入了千家万户。他所创办的春秋航空是中国首批民营航空公司中，硕果仅存者，在连巴菲特都认为无利可图的航空市场，他却做到了连年盈利，将在中国并不被看好的廉价航空模式做成了行业大亨。他热衷公益，建"公益林"，关爱留守儿童，捐资绿色基金，植树治沙，开展康保生态修复工程、扶老、助学等慈善活动……

在中国的航空业中，有位传奇人物，他白手起家到公司上市、身价亿万，因独特的行事方式，一次次成为业界标靶，又一次次在他的太极推手中转危为安，这就是王正华先生。

他创业之初以铁皮亭子为办公地，可谓空前绝后；他厉行节俭，一件衣服穿十年，与首席执行官同室办公，100元沙发用了二十年，出差做经济舱，不用专车，坐高铁，住宿小旅馆，出国考察带足泡面，省钱省到骨头里，誓把低成本进行到底。

他严于律己，以"抠门"著称，却把70%的股份给了老员工；他以春秋民航推动航空的平民化，实现普通百姓的飞天梦；他带人公益植树，4000亩地23万棵树改变了一片绝望不毛之地；他以公益慈善回报社会，首期捐资1500万元设立"中国绿色碳汇基金会"为地球母亲专项基金，开展康保生态修复工程、资助甘肃植树治沙；为亚洲动物基金会捐资25万元作专项产业调研报告，推动政府立法取缔残忍的取胆熊产业；设立"春秋让爱飞翔"专项基金开展扶老、助学等慈善活动，等等。

他半赚半省半捐，以社会责任为己任，甘洒热血写"春秋"，克勤无怠，物尽其用，矢志不渝，"即使自己的命运像鬼火，也要把温暖和光明带给别人"，这是他的社会企业家情怀，也是他与春秋集团的勤俭生态之道。

诗云：

春秋热血薄青云，冲汉民鸿九丈闻。

半省半捐惟至俭，功于碳汇待成群。

（七绝｜平水韵｜十二文）

沈南鹏——红杉资本

从一个数学天才到耶鲁 MBA，从花旗、雷曼的投行历练，漫步华尔街，到归国创业，创办携程网，成为如家连锁酒店创始人，以至于转战投资圈，创办"红杉资本中国基金"，他顶着"投资教父"的名号，创造价值无数，蝉联福布斯中国最佳创投人榜首。作为中国企业家论坛轮值主席和理事，他的商业嗅觉异常敏锐，有人称其将一切新物种的信息卷入他的领域，但意不在吞食，而是希望在漩涡最深最中心的地方，看见新的世界。在过去的几年中，他还一直参与安永企业家奖的评比工作，其眼光与责任感，为企业家带来更多帮助和增值服务，为投资人赢得了优异的回报，为社会创造了更大的价值。

上市是多少企业的彼岸梦想，留下"上市难于上青天"的戏言。然而，他却在四年内带领携程、如家酒店、易居中国三家企业成功赴美上市。作为红杉资本中国基金创始及执行合伙人，在科技、消费服务业、医疗健康、新能源及清洁技术等投资了众多具有代表意义的高成长公司，包括新浪网、阿里巴巴集团、京东商城、唯品会、聚美优品、诺亚财富、高德软件、乐蜂网、奇虎360、美团、大众点评网等诸多优秀企业，有说法称"买下中国互联网半壁江山"。他是"全球最佳创投人"榜单中排名最高的华人投资人，他不断发掘最新的商业模式，融合资本与技术，嫁接资本和企业家，帮助各个领域的优秀企业快速成长。

他奔赴"有价值的投资"和公益，无论商业与公益都只是创造价值、回馈社会的手段，而非所追逐的目的。他发起创办 HONGKONG X 科技创业平台、参与设立未来论坛并捐赠未来科学大奖；他在母校设立"奖学金"；他发起成立"中国情商基金会"，聚焦中国儿童情商教育；他倡导公益和创新慈善的理念与做法，使其成为企业家深植内心的梦想和人生规划；他投资医疗科技领域，设立"医学研究基金"；他与比尔·盖茨、马云、扎克伯格等 28 位商界领袖共同发起成立"突破能源联盟"（Breakthrough Energy Coalition），致力于在未来 5 年投入更多资源来解决气候变化和清洁能源问题；自 2012 年起，他每年向公益项目"美丽中国"捐赠数百万元，支持教育资源缺乏地区的教育事业；他发起创立耶鲁北京中心，个人捐赠 1000 万美元；借此形成捐赠教育全链条，覆盖了从小学到大学，从学生到教师，从农村到城市，从国内到国外。

带着慈善基因的红杉投资社会企业（如中和农信），帮助慈善机构实现公益梦想。他说，"一个个体或一家组织的影响力是有限的，但如果数以百家乃至更多的企业都在用创造正能量的思路和角度携手做事，那么社会往前发展的速度会大大提升，可以是解决贫困，可以是发展技术让生活更方便，也可以是教育的发展。"

诗云：

执手红杉半壁投，融资瀚海泛轻舟。

情商举足知英物，公益为新引细流。

（七绝 | 平水韵 | 十一尤）

附　录

社会企业家
践行历程

华泰保险践行企业社会价值

　　社会价值是王梓木这几年思考比较多的一个理念。企业社会价值不仅指一个企业做了多少好事和公益活动，更重要的是如何在主业方面体现企业的社会价值，包括提供就业机会，开发创业平台，拥抱科技革命，推动节能环保，促进环境友好，拓展绿色金融，大力扶贫济困，实现各类人群的平等发展与社会的共同进步，这些都是当前企业社会价值的具体表现。

　　保险企业更应该成为最具社会价值和社会责任的企业。保险企业的公众性和公益性决定其具有社会价值的天然禀赋，其社会价值主要体现在提供风险保障，让人民生活得更安宁，就是我们常说的"保险姓保"。结合新时期我国社会的主要矛盾，保险企业应该在满足人们追求美好生活的过程中，在风险保障、财富管理、资金运用等领域更好地发挥其功能，为社会的平衡发展做出更大贡献，这正是保险企业的社会价值所在，也是保险企业的生存之道和发展之道。

自 1996 年成立以来，华泰保险始终坚持一个使命，就是"使人们的生活品质不为风险所改变"。在 20 多年的发展历程中，华泰保险高度重视企业社会责任，在支持"一带一路"倡议、服务国家重点工程项目建设、探索创业创新、实施精准扶贫等方面多有建树；同时，不断践行公益之路，形成了热心支持社会公益事业的优良传统。

华泰保险积极响应国家政策，用保险服务大力支持中国企业"走出去"，提供"一带一路"项目的承保和技术服务。2018年，华泰保险仅财险、工程险方面承保"一带一路"项目达 54 个，涉及 26 个国家和地区，承保保额达 850 亿元，其中包括巴基斯坦世界最大容量 H 级燃机必凯联合循环电站等国际知名工程项目。

华泰保险服务国家重大工程项目建设，积极参与国家现代化建设。围绕国家战略方向和扩大对外开放的决策，华泰保险为超过 70 个大型项目建设提供风险保障服务，累计提供保险保障超过 5000 亿元。其中，承保保额超过 100 亿的项目总计 27 个，包括港珠澳大桥、鹤大高速、京新高速（临白段）和杭州湾大桥等国家重点大型项目，以及"三桶油"炼化项目，同时也包括中广核集团在国内外的核能和非核能运营期保险和建工险项目。

华泰保险积极顺应"大众创业、万众创新"的国家政策，

持续深化专属代理 EA 门店模式在国内市场的探索之路。 EA 模式不仅给华泰带来了商业价值，也非常好地体现了社会价值。一是深入社区提供便捷贴心的惠民服务；二是助力"双创"，为个人提供金融创业的平台；三是对保险营销体制转型发展的有益探索。经过 10 余年的探索和实践，华泰现有 EA 门店数量已突破 5000 家，覆盖全国 200 多座城市，累计服务 300 余万社区客户。EA 模式在发展过程中展现出强大的生命力、活力和巨大的商业价值，目前已成为大众可依托的个人金融创业平台，并有效带动社会就业。自 EA 模式试点推广以来，已累计有 5000 多人通过开设华泰保险 EA 门店实现创业，为社区家庭、社区商铺、中小企业等客户提供保险咨询、投保出单、理赔受理等专业、快捷、贴心的综合性风险保障及增值服务。这些门店也累计为社会大众提供了上万个就业岗位。

在扶贫工作上，华泰保险始终积极配合、高度重视，力求实效，多措并举。 华泰财险各地机构及专属代理（EA）门店积极参与贫困地区公益慈善活动，接续开展"保险进社区、送温暖"爱心周活动，向失独家庭、残疾人家庭及特困户送上慰问品。为支持西部精准扶贫，华泰人寿为员工及客户与甘肃省秦安县之间搭建起一座桥梁，让华泰的员工及客户均有机会认购秦安县的果树，且每一颗果树的认购款中都有 3 元钱用于捐建甘肃当地的希望工程。2017 年底以来，华泰保险牵手黑龙江省泰来县政府持续开展精准扶贫活动，由华泰保险利用自身在产品、资金、渠道和宣传等方面资源优势，为贫困农户提供水稻种植资金方面支持并解决部分大米外销问题，打造"泰大米"精准扶贫专项品牌，帮助提升"泰来大米"在全国市场的品牌影响力，帮扶其尽快实现脱贫致富奔小康。

华泰保险在成立之初就热心社会公益，搭建了公益支持体系，做成了品牌公益项目。23 年前华泰开业当天，就把开业经费省出 30 万元，在河北赞皇县援建了一所华泰希望小学。此后，华泰又先后在北大、清华、人大等高等学府设立贫困学生助学金。2005 年印度洋地震海啸，向受灾国家捐款 100 万元。2008 年汶川地震，公司及全体员工捐款捐物 453 万元，并于震后对口援建成都博爱学校。2010 年玉树地震，向灾区捐款 100 万元。2011 年建立华泰保险博爱基金。2014 年启动"小小铅笔"爱心公益项目，先后走进云南、四川、吉林等 19 个省、自治区，帮扶援助学校已达 36 所，为孩子们捐赠了包括电脑教室、学习文具、生活用品等在内的爱心物资，并重点关注留守儿童的身心健康和特长教育，"小小铅笔"已经成为华泰保险打造的独具特色的公益品牌。

世华集团践行企业社会价值

　　世华集团的崛起源于一个人，他是一个贫困农家的孩子，靠着借钱读书，面对着生活的窘迫和勤工俭学的艰辛，以及无数贫困学子失学的情景，他立志创办一所免费大学。

　　自 2001 年，姜岚昕心怀"为世界华人的富强而努力和服务，使华人企业成为世界经济的脊梁"的凤愿，创办世华公司，以崇高的使命驱动前进，"为客户提供最具实战、实效、实操的管理系统；为同仁搭建最具成长和创业的发展平台；为股东创造最具价值和意义的投资回报；为世界培育最具贡献和生态的社会企业"。从西安起步，发展到上海、西安、北京、广州、深圳、杭州、苏州、无锡、常州、南京、宁波、鄂尔多斯、乌鲁木齐、呼和浩特、太原、郑州等城市，拥有 23 家公司。从当初微不足道的草创班子，发展为 1900 多位经过严格筛选、训练有素的专业团队，从 2001 年 3 月举办第一场研习会至今，累计在全国各地举办过 4000 多场的演讲活动，与上百位名师合作过，从面对大学生及其他社会群体的公益性演讲，到聚焦企业家总裁班，累计接受培训的学员超过 100 万人次，惠及全国各地不同阶层的各类人士。

2007 年底，姜岚昕在常州向中华慈善总会首期捐赠 100 万元成立"岚昕大爱基金"，他也因此成为教育咨询界首位成立慈善基金的管理咨询专家，秉承真诚博爱的人文精神，积极履行社会责任，姜岚昕开始了他的教育和慈善双行之旅。2009 年 3 月 29 日，万众瞩目的己丑年黄帝故里拜祖大典在河南新郑市黄帝故里举行，姜岚昕捐赠 200 万元用于华夏儿女始祖黄帝故里的建设。如同专注于教育一样，姜岚昕热爱着慈善公益事业。在慈善公益的道路上，他犹如一名仁义侠士，骑着他的骏马，驰骋于各大受难的灾区与需要社会救济的地方。

2008 年姜岚昕代表世华智业集团为汶川大地震捐款 512 万元；2009 年为发展陕西和河南的教育事业，他向陕西省慈善协会捐赠 1000 万元成立"陕西世华大爱教育基金"，向河南省慈善总会捐赠 200 万元成立"岚昕专项助学基金"，并在河南两次合捐 120 万元兴建世华中心小学，2010 年他代表世华智业集团和北京华夏管理学院向青海玉树地震灾区捐赠 300 万元，用于援助灾区人民重建美好家园。诸如其他各种形式的捐赠更不胜枚举……为此姜岚昕被评为"中国最具社会责任感企业家"，世华智业集团则在陕西被评为"2009 十大慈善企业"等荣誉。

　　2009 年世华总部迁到北京，同步收购北京华夏管理学院并宣布免费办学，2011 年他擎起了"免费大学"的旗帜，资助众多寒门子弟，而随之他意识到一己之力于世界而言的乏善可陈，于是他再度立志将他专注十余年来的企业家教育资源整合起来，感召更多企业成为社会型企业，将更多企业主变成社会企业家，同时创办云学科技、企业大学以及筹措"社会企业家大学"，他为此四处奔波，分享呼吁，以实现社会价值为企业最大价值，以实现社会财富为企业最大财富，发起了"全球社会企业家生态论坛"。

　　姜岚昕自 2015 年发起创办"首届全球社会企业家生态论坛"到今天，已连续四届，它开启了未来高峰对话与企业家社会化的时代浪潮，承担了人文反思的功能并作出重建社会价值的努力，呈现出经济新态势与社会有机生态系。姜岚昕在会上致辞：希望有一天社会企业家能成为大多数企业家经营企业的一种共识和常识，能让社会企业家理念成为企业的价值理念，这样就真正达到了引领社会企业家造福世界的初衷。

社会企业家是
新时代商业生态的生力军

党的十九大报告指出，激发和保护企业家精神，鼓励更多社会主体投身创新创业。新时代的企业家在追求企业发展的同时，应当不忘自己肩负的社会责任与崇高的历史使命，弘扬企业家履行责任、敢于担当、服务社会的精神。进入新时代，社会企业家备受关注。社会企业家精神激荡，他们履行社会责任，敢于担当，积极投身国家重大战略，更好地体现社会价值、社会使命、社会生态。

随着社会的发展，社会企业成为经济建设中的重要力量，肩负着重要的社会责任。中国企业已经从过去的盈利时代，进入社会责任时代，而社会企业正是用自己的产品和企业行为做有利于社会的事情，把社会的利益放在优先的位置来考虑，企业经营活动以社会利益为先。

企业家是经济活动的重要主体。营造企业家健康成长环境，弘扬优秀企业家精神，更好发挥企业家作用，对深化供给侧结构性改革、激发市场活力、实现经济社会持续健康发展具有重要意义。

社会企业家已经成为给世界带来积极变化不可忽视的力量。在中国，社会企业家是实现中国梦的榜样。他们的特点是，以理想为动力，充满激情和创造力，致力于通过市场和商业力量建设一个更好的世界。他们习惯于从商业的角度看待社会问题，并致力于用商业规则解决社会问题。他们有责任感，有勇气提出新的想法，学习新的东西。他们代表了中国未来经济发展的无限潜力。我们将把这样一批企业家聚集在一起，共同创造一个交流思想的盛会，共同寻求企业的发展和创新，适应中国经济的新常态。

众所周知，从 2007 年到 2009 年，由于金融危机、次贷危机和信任危机引发了全球的金融危机，2008 年，我已经从事企业家教育事业八年的时间，在这一过程中，我多次在演讲中讲到，其实最大的危机不是金融危机，不是经济危机，而是道德的危机。

不是注册一家公司就是企业，有很多人注册了一家公司后以企业的身份，以企业家的角色，运营着商业的活动。其实在我看来，企业可以分为四种类型：

第一种是卖部式的企业，也就是以业务为中心，销售产品，获取利益，从而获取自己的企业成果。

第二种是项目式的企业，从产品到业务，先赚钱，它的焦点和目标就是一年半载把一个项目做完，再找下一个盈利的项目。

第三种是企业式的企业，这种创办的企业所考虑的是，到底为谁服务，为谁解决问题，为谁创造价值，如何持续地为他创造价值，如何成为他的首选，就是以客户价值为创办企业的主导中心，然后获得商业价值。这样的企业运营者叫做企业家。

第四种是社会式的企业，创办一个企业考虑的是，要解决什么社会问题，要创造什么社会价值，要实现什么社会理想，要践行什么样的社会使命，在创造社会价值的同时实现企业价值，在创造社会财富的同时实现企业的财富，这种企业叫做社会式的企业。

我经常对一些企业领导者说：你们未来要构建的不是卖部式的、项目式的、企业式的企业，而是社会式的，更重要的是以社会式的企业价值为中心、为导向、为理想，真正构建一种社会的商业生态才有真正持续的生命力。众所周知，自然的环境和生态是人类赖以生存的必备条件，而一个真正的商业生态，是一个企业能够依赖和生存的必备条件。所以社会企业和社会企业家的商业生态观，是每一个企业家要走得久、走得远必备的战略思想和企业精神。所以从 2008 年开始，我不断地呼吁更多的企业家成为社会企业家。

2015 年，我深感这不应当是我个人的宣言，也不应当是我个人的目标，更不应当是个人宣扬的一种理想，而应当是更多的有识之士联合起来，共同推动的伟大事业。

所以，在 2015 年，我联合商界传媒、阳光传媒、航美传媒集团、人民政协报、北京卫视等一些媒体机构和企业伙伴，共同发起 2015 年首届全球社会企业家生态论坛。初办论坛的时候，很多人问什么叫社会企业家？什么叫生态？此生态跟企业、企业家有什么关联？当时他们对社会企业家的概念一片空白。很多人说这个理念知之者甚少，推广难度很大。我说我们要做引领者、首创者，必须要投入时间、精力和影响。首届论坛，我们邀请了联合国第七任秘书长安南先生出席，他说商业不可能在一个失败的社会中取得成功。也就是说，要用长远的眼光看待商业的发展和股东的利益，从而得到长远、可持续的发展方案。这需要各企业主动思考周围的社会利益。

自此，我们拉开了"社会企业家生态论坛"的序幕，同时邀请了 5000 余位企业家代表，在安南先生的见证下，发起了社会企业家宣言。

从那以后，一路走来，每年一届，我们从第一届办到了第五届。在 2017 年，我有幸接触到亚布力论坛理事、第一任轮值主席华泰保险集团董事长王梓木先生，他是典型的践行社会价值理念的企业家，在 2017—2018 年度亚布力中国企业家论坛第十八届年会上，论坛轮值主席丁立国代表宣读了由全球社会企业家联盟联席主席、华泰保险集团董事长王梓木先生起草，亚布力论坛理事会成员共同发起，最终经由全国工商联同意的《社会企业家倡议书》，倡导更多的企业家成为社会企业家。他强调，企业家不仅要创造社会财富，还要通过创新来承担社会责任，推动社会进步。其时，中国企业界领袖人物马云、王石、李彦宏、陈东升、柳传志等都参与了这次社会企业家倡议，同时，全国工商联也给予了充分的肯定。社会企业家倡议在社会各界，特别是中国企业界产生了很大的反响。

十多年来，我一直在倡导社会企业家精神和社会企业家生态，在这样的历史进程和时代变化中，得到社会各阶层人士的响应，我越来越感受到这份生命的力量和事业的价值，感受到推动社会企业家发展进程的重大意义。

我们创办论坛的主题思想就是承载时代的使命。这个时代的使命是什么？中国特色社会主义进入了新时代，新时代企业家不仅仅是赚钱，不仅仅是为自己，不仅仅是为客户创造价值，还应该为自己的团队搭建一个平台，为自己的合作伙伴带来利益，为自己的股东获得回报，更要为社会做出贡献，推动社会文明进步，促进社会生态发展，真正地与新时代共前进。企业家作为经济主体中至关重要的一环，有这种使命和担当，可能引发的是更多客户的支持，更多同仁的追随，更多伙伴的助力，更多股东的投资，更多社会群体的响应，这个企业就具有了更大的社会价值、社会能量，也可以创造更大的社会财富。

曾经，很多老师可能教大家的课程是将怎样增长作为目标，在我的企业家课程教育中，我们以生态增长为起点，永续经营为终点，我们从做企业的第一天开始都要以生态增长作为起点思维，而不是目标思维。

我相信，如果有一天我们垂垂老矣，我们的孩子长大了，对我们最大的回报，不是请我们吃一顿饭，不是给我们买一件好衣服，不是给我们买一套别墅或一辆豪车，不是给我们多少钱，而是把我们的商业理想、商业追求、商业价值和所包含的利他思想和社会情怀，传承下去，延续下去，这就是对我们最大的回报。所以，企业家最大的心愿不是增长，而是永续，而且他所形成的胸怀，在你生命中的能量和所创造的社会价值、社会意义以及深远影响，才是浩瀚无边的。

所以，我们会把全球社会企业家生态论坛一直办下去，以终为始，始终如一，一以贯之，别无二心，甚至拿出玄奘取经的精神，以死向生的意念，把这份社会企业家精神传承延续下去。我相信，当我们透过这个论坛的影响和扩散，通过所有人的努力，能够凝聚更多有社会型思维和生态型思维的人，做社会企业和社会企业家，一起扩散与影响，造福全人类，只要有这样的愿心和愿力，我们一定可以最终实现引领社会企业家造福世界的使命。

基于论坛的意义和影响，加之多年的积累与实践，我与王梓木先生在多次促膝长谈中，为彼此的情怀而感染，怀着共同的信念与夙愿，让我们有了撰述成书惠及四海的想法。继第四届论坛之后，我们偶有空闲便倾笔于此，终于在第五届论坛的前夕，宣告完稿。由于时间紧迫，本书尚显粗糙和存在诸多不尽完善之处。这是本书形成的始末。本书第七章引用了全球社会企业家生态论坛对我国若干社会企业家给予的评价，专此说明并给予感谢！

付梓之际，感慨良多，却一时语塞，其中甘苦难以言诉，只有借此机会向为此书写作与出版提供帮助的朋友和出版社表示由衷的感谢，同时恩惜各位读者的厚爱，敬请指正！

姜岚昕

2019 年 10 月 21 日

阿西夫·道拉.穷人的诚信［M］.朱民译.第1版.北京:中信出版社,
2007.

安应民.简论个体的社会态度及其管理［J］.兰州学刊,1991（01）.

安治民,杜朝举.论企业价值观的驱动力及其意义［J］.湖北社会科学.
2019（04）.

白全民,贾永飞.公司企业家精神_研究评述及展望［J］.科技创业
月刊.2019（04）.

宝贡敏,徐碧祥.国外企业声誉理论研究述评［J］.科研管理.2007（03）.

毕志民,崔晨秋.企业家概念演化的哲学分析［J］.经济与社会发展.
2007（05）.

查尔斯·里德比特.社会企业家的崛起［M］.第1版.北京:环球协

力社，2006.

常余年，韩大刚.企业家概念的历史演变［J］.江苏商业管理干部学院学报.1999（03）.

曹淼孙.信息化时代环境下经济管理框架重述［J］.商业经济研究.2016（07）.

曹煦.社会企业的中国命题_如何解决贫富差别［J］.中国经济周刊.2016（26）.

陈汉辉.近期国外合作社治理研究文献综述［J］.重庆交通大学学报（社会科学版）.2014（05）.

陈汉辉.企业社会责任实践与企业成长关系研究［J］.西安建筑科技大学学报（社会科学版）.2014（04）.

陈汉辉.企业社会责任实践与社会资本关系研究——政治关联的中介效应检验［J］.财贸研究.2016（02）.

陈兰兰，吕庆华.虚拟企业信任研究综述［J］.市场周刊（理论研究）.2010（02）.

陈琪.浅谈能力理论及能力资产价值信息披露［J］.国际商务财会.2011（10）.

陈涛.论社会工作的组织模式问题［J］.社会建设.2014（01）.

陈同扬，赵顺龙.企业能力理论的演进与辨析[J].学海.2004（03）.

陈为.三大社会动机_成就、亲和、权力[J].管理@人.2011（04）.

陈雅丽.社会企业研究_理论探讨与实践观察——近十年来中国社会企业研究综述[J].社科纵横.2014（05）.

陈银飞，茅宁.经济学的发展_从资源配置到社会价值创造[J].经济问题.2006（12）.

陈忠卫，张玉利.企业家精神理论发展的脉络分析[J].中外企业家.2007（10）.

陈忠卫.试论企业家的价值形成与价值实现[J].财经理论与实践.2003（05）.

崔雁.社会企业概念探析——欧美地区比较视角[J].山西高等学校社会科学学报.2013（03）

崔雁.试析社会企业兴起的解释理论[J].太原大学学报.2013（01）.

戴良铁，戈维丽.基于能力视角的企业成长研究_演化与研究取向[J].新疆大学学报（哲学·人文社会科学版）.2012（04）.

戴维·伯恩斯坦.如何改变世界：社会企业家与新思想的威力[M].新星出版社，2006.

杜晶晶.社会企业家概念探析［J］.时代金融.2009（11）.

杜海东，严中华.社会创业——我国非营利组织发展的新视角［J］.经营与管理.2010（06）.

杜海东，严中华，刘捷萍.基于社会资本的企业创新能力建设研究［J］.特区经济.2008（07）.

樊增增.企业创新研究文献评述［J］.商场现代化.2016（12）.

方跃，刘希宋.企业的社会价值链［J］.企业管理.2001（07）.

方竹兰，于畅，陈伟.创新与产业发展_迎接新科技革命的挑战［J］.区域经济评论.2018（02）.

冯婵.社会责任呼唤社会企业家［J］.人力资源管理.2014（01）.

付立红，汪樟发.企业使命管理［J］.中外企业文化.2007（10）.

付立红.企业使命管理［J］.企业科技与发展.2008（01）.

高飞乐.试论中西天人观的差异及其社会历史根源［J］.福建学刊.1994（03）.

高可为.使命_企业管理的原点［J］.中外企业文化.2014（06）.

耿学峰.社会企业家的道德人格探析［J］.价值工程.2011（36）.

宫成.数据时代环境企业人力资源绩效管理创新研究［J］.现代国企研究.2018（24）.

龚平.中西天人观的比较及启示［J］.四川师范学院学报（哲学社会科学版）.1996（02）.

谷奇峰，丁慧平.企业能力理论研究综述［J］.北京交通大学学报（社会科学版）.2009（01）.

郭金玲."富裕阶层"在中国的形成原因及社会意义［J］.河南师范大学学报（哲学社会科学版）.2001（04）.

郭静霖，周玉萍.从传统义利观到当代慈善观的转变［J］.改革与开放.2011（10）.

桂慕文.试论农业社会效益、经济效益和生态效益的不可分割性［J］.农业考古.1986（02）.

韩伟.社会企业家精神研究进展［J］.现代商业.2009（18）.

韩文海.德鲁克的企业目的观_追求企业利润最大化的更高境界［J］.东北财经大学学报.2012（01）.

贺小刚，李新春.企业家能力与企业成长_基于中国经验的实证研究［J］.经济研究.2005（10）.

侯锡林，黎志成.综论企业家概念的沉浮变迁［J］.科技进步与对策.

2003（02）.

胡晶.浅析边沁功利主义［J］.濮阳职业技术学院学报.2011.（10）.

胡振华，王皓.企业社会贡献对企业价值的影响研究——基于制造业上市公司的经验数据［J］.工业技术经济.2017（09）.

华红莲，潘玉君.可持续发展评价的方法论之比较［J］.云南师范大学学报（哲学社会科学版）.2005（05）.

黄建忠，布莱尔·唐纳.社会企业的发展前瞻［J］.社会治理.2018（04）.

黄丽，谢立新，丁世青.职业使命感研究的回顾梳理与未来展望［J］.当代经济管理.2018（08）.

黄鲁成，王亢抗，吴菲菲，苗红，娄岩，罗晓梅，王凯，乔铮.新兴产业研究方法论论纲［J］.科学学研究.2013（01）.

黄强，陈汉辉.企业社会资本与企业绩效关系实证研究［J］.常州工学院学报.2012（04）.

黄抒予.企业能力理论的演进历程［J］.科技经济市场.2008（10）.

纪晓祎.社会企业＿商业利益与社会责任最佳组合实践［J］.商学院.2012（01）.

贾生华.企业家能力与企业成长模式的匹配［J］.南开学报.2004（01）.

颉茂华，王晶，刘艳霞．立足企业经济与社会动机 改进环境管理信息披露体系——基于《可持续发展报告指南》视角的比较［J］．环境保护．2012（18）．

金伟．企业创新理论与企业组织创新［J］．环渤海经济瞭望．2014（10）．

康晓光．义利之辨_基于人性的关于公益与商业关系的理论思考［J］．公共管理与政策评论．2018（03）．

匡毅．城市垃圾治理系统研究的方法论［J］．环境卫生工程．1997（03）．

李芳青．西方国家企业家形成模式［J］．社科与经济信息．2000（02）．

李海平．意义研究的哲学渊源及当代走向［J］．学术交流．2006（10）．

李宏．企业价值观理论研究综述［J］．中外企业家．2008（11）．

李宏图．英国工业革命时期的环境污染和治理［J］．探索与争鸣．2009（02）．

李宏图．苦难还是福祉——18、19世纪西欧思想家关于工业文明的论争［J］．常德师范学院学报（社会科学版）．2001（05）．

李宏图．从农业文明到工业文明——西方近代社会转型的历史经验及启示［J］．探索与争鸣．2000（01）．

李宏图．当代西方新社会文化史述论［J］．世界历史．2004（01）．

李健，谭智丹．社会企业家精神_内涵维度、功能价值及培育路径［J］．江苏师范大学学报（哲学社会科学版）．2019（01）．

李健，谭智丹．社会企业家精神_内涵维度、功能价值及培育路径［J］．江苏师范大学学报（哲学社会科学版）．2019（01）．

李晓敏．社会企业家：概念与探讨［J］．无锡商业职业技术学院学报．2011（04）

李晓南．社会企业全球演进背景下我国的发展策略选择［J］．社会科学辑刊．2015（06）．

李新春．信任与企业成长方式的相机选择［J］经济体制改革．2003（01）．

李怡靖．企业能力理论综述［J］．云南财贸学院学报．2003（05）．

李昳，张向前．社会组织对经济社会贡献影响要素研究［J］．哈尔滨商业大学学报（社会科学版）．2016（03）．

李永杰．论公民社会组织对公共精神的涵化［J］．石河子大学学报（哲学社会科学版）．2012（02）．

李永杰．论公民社会的价值意蕴［J］．学术交流．2011（09）．

李悦书，李国荣．简论社会价值的统摄与驱动功能［J］．宜春学院学报．2002（01）．

厉以宁.企业家的使命是创新——兼论效率的源泉来自人们的积极性[J].北京大学学报（哲学社会科学版）.2018（02）.

梁磊.中外组织生态学研究的比较分析[J].管理评论.2004（03）.

林锦秀.美国当代几种动机理论及其共通的思想趋向[J].福建教育学院学报.2000（02）.

林海，彭劲松，严中华.广东省社会企业发展策略研究[J].广东科技.2010（09）.

林海，彭劲松，严中华.非营利组织向社会企业转型动因及风险规避研究[J].中国城市经济.2010（09）.

林海，彭劲松，严中华.从NPO到社会企业——非营利组织转型策略研究[J].科技管理研究.2010（18）.

刘光宗，肖洪钧，刘庆贤.基于能力发展的动态能力理论研究述评[J].现代管理科学.2012（03）.

刘海洋，孔祥贞，袁鹏.城市宏观环境如何影响企业微观效率[J].中国人口.资源与环境.2013（02）.

刘会来.论企业财务能力之新发展——社会贡献能力[J].知识经济.2008（11）.

刘进，揭筱纹.创业企业成长中的企业家战略领导能力研究[J].管理

现代化 . 2012（05）.

刘进，揭筱纹 . 基于企业家战略领导能力的企业创新、整合与成长［J］.
商业时代 . 2012（34）.

刘进，揭筱纹 . 企业家战略领导能力解构研究述评［J］. 江南大学学报
（人文社会科学版）. 2011（02）.

刘娟娟 . 动机理论研究综述［J］. 内蒙古师范大学学报（教育科学版）.
2004（07）.

刘利钧 . 论西方公民社会的形成和发展［J］. 中共太原市委党校学报 .
2010（05）.

刘明霞 . 动态能力研究 _ 述评、比较与展望［J］. 生产力研究 . 2004（10）.

刘韶军 . 禅的研究及其社会意义［J］. 华中师范大学学报（哲学社会科
学版）. 1997（02）.

刘仕刚 . 企业人类学的创新视角——社会企业［J］. 广西经济管理干部
学院学报 . 2016（04）.

刘唐宇 . 中西天人关系观与管理价值取向［J］. 福建农业大学学报（社
会科学版）. 2000（03）.

刘唐宇 . 中西义利观及其管理的比较研究［J］. 江西社会科学 . 2003（06）.

刘永芳, 杜秀芳, 庄锦英. 动机研究的历史演变 [J]. 山东师大学报（社会科学版）. 2000（01）.

刘振，张广琦，杨俊. 基于 SCSR 的社会企业成长研究 [J]. 现代管理科学. 2014（07）.

柳杨青. 论绿色消费与可持续发展 [J]. 南京财经大学学报. 2006（03）.

娄胜霞. 生态观对区域发展规划的方法论研究 [J]. 河南科学. 2010（05）.

罗双. 论老子的"不仁之仁"及其社会意义 [J]. 阴山学刊. 2016（01）.

骆立霞. 企业道德失范的成因浅析 [J]. 商业文化（下半月）. 2011（11）.

骆立霞. 企业道德失范的成因浅析 [J]. 商业文化（下半月）. 2011（11）.

吕力. 社会企业悖论、路径依赖与管理双元化 [J]. 合作经济与科技. 2017（19）.

马刚. 价值创造型企业的构建——二十一世纪企业价值创新战略的必然选择 [J]. 价值工程. 2001（05）.

马慧景. 从循环经济看主流经济学的方法论缺陷 [J]. 河北学刊. 2008（01）.

马振杰, 陈卫平. 企业社会贡献评价问题探讨 [J]. 湖北电大学刊. 1998（01）.

糜海波. 中西功利主义思想比较与启迪——从义、利观的视角分析[J]. 学术论坛. 2006(10).

倪梁康. 良知：在"自知"与"共知"之间——欧洲哲学中"良知"概念的结构内涵与历史发展〔M〕// 刘东. 中国学术：第一辑. 北京：商务印书馆 2000：20.

聂禄玲，徐鹏. 企业社会责任能力建设体系研究[J]. 企业经济. 2009(04).

牛京辉. 英国功用主义伦理思想研究 [M]. 第1版. 北京：人民出版社. 2002.4.

欧雪银. 公司企业家精神的内涵与构成 [J]. 社会科学家. 2011(02).

欧雪银. 基于新兴古典视角的企业家精神研究 [J]. 求索. 2008(08).

欧雪银. 企业家精神理论研究新进展 [J]. 经济学动态. 2009(08).

欧雪银. 经济学视角的企业家精神学术边界和研究方法探析 [J]. 湖南财政经济学院学报. 2014(02).

潘东旭. 创新驱动环境下企业家精神培育研究 [J]. 湖北开放职业学院学报. 2019(05).

彭泗清，李兰，潘建成，郝大海，韩践. 中国企业家成长20年能力、责任与精神——2013·中国企业家队伍成长20年调查综合报告[J].

管理世界 . 2014（06）.

皮建才 . 企业家能力、企业家道德风险与经济增长［J］. 财经科学 .
2005（06）.

亓学太 . 当代西方社会企业家理论的演进与创新［J］. 长春市委党校学
报 . 2007（03）.

齐文浩 . 基于社会企业视角的当代企业营运模式新思路［J］. 科教导刊
（中旬刊）. 2011（09）.

钱惠英 . 当代西方"社会企业家精神"理论综述［J］. 现代企业 . 2013
（03）.

权锡鉴，祁勇 . 论企业可持续发展能力［J］. 中国海洋大学学报（社会
科学版）. 2006（05）.

饶静安，张衔 . 企业文化演进发展的回顾与思考［J］. 管理现代化 .
2011（02）.

任菲菲 . 社会动机和认知动机对团队创造力的影响［J］. 科技信息 .
2012（07）.

任永堂，李春泰 . 中西天人观讨论中值得注意的几个问题［J］. 学术交
流 . 1996（02）.

邵宁 . 新时期企业家的使命［J］. 企业管理 . 2005（05）.

邵兴国，黄河.中西传统义利观的比较与思考［J］.河南机电高等专科学校学报.1999（01）.

沈优君.企业社会效益、经济效益的市场时空论［J］.包装世界.2012（02）.

盛亚，陈嘉雄.企业社会创新主体合作的组织模式分析［J］.浙江工业大学学报（社会科学版）.2017（02）.

时立荣.转型与整合_社会企业的性质、构成与发展［J］.人文杂志.2007（04）.

思秋.愿景与使命你明白了吗_［J］.科技与企业.2010（07）.

宋道雷，郝宇青.从传统公益研究到网络公益研究的变迁——中国公益研究状况述评［J］.社会科学.2014（02）.

宋伟，徐胡昇，宋小燕.社会创新的公共使命与社会企业的发展［J］.公共管理与政策评论.2015（01）.

孙大午.企业的目的和企业家的使命［J］.中国·城乡桥.2006（04）.

孙滢.论企业家的修养［J］.中国机电工业.2011（01）.

孙滢.企业家使命_让不可能成为可能［J］.中国机电工业.2005（04）.

谈小燕，袁婷婷，刘亚兰.现代企业公信力初探［J］.重庆职业技术学院学报.2006(06).

陶学禹，孙艳.西方企业创新理论的发展及其在我国的研究现状[J].
社会科学动态.1998(05).

田蓉.超越与共享_社会企业研究新进展及未来展望[J].南京社会科
学.2016(12).

田文富.西方环境伦理思想及其哲学基础探析[J].沈阳师范大学学报
（社会科学版）.2008(02).

田香兰.日本民间非营利组织的发展现状、法律环境及社会贡献[J].
日本问题研究.2013(02).

涂智苹.英美日韩社会企业发展比较研究及其启示[J].改革与战略.
2018(08).

万希，刘弯弯，徐永高.社会企业家的特征与形成机制研究[J].社会
工作.2013(02).

汪建，周勤.研发、知识资本与企业成长驱动——基于分位数回归的实
证研究[J].证券市场导报.2014(03).

王彩梅.对企业目的的再认识[J].经济师.2005(02).

王刚.论自然人的社会责任能力[J].青海民族大学学报（教育科学版）.
2011(03).

王海燕 . 公益性社会组织公信力研究［J］. 征信 . 2014（11）.

王吉鹏 . 企业使命作用何在［J］. 中国邮政 . 2009（07）.

王霁 . 中西传统义利观之试比较［J］. 湖北省社会主义学院学报 . 2002（02）.

王景峰 . 国有企业社会责任影响价值创造的机理研究［J］. 技术经济与管理研究 . 2016（04）.

王晶晶，杜晶晶，夏凡 . 社会企业家精神差异性及其与企业成长关系的实证研究［J］. 兰州商学院学报 . 2014（03）.

王丽敏，肖昆，项晶 . 企业家精神理论的演化与新进展［J］. 经济师 . 2010（07）.

王利红 . 天人合一与天人相分——中西方哲学思想的比较［J］. 广西师范大学学报（哲学社会科学版）. 1996（S2）.

王世强 . "社会企业"概念解析［J］. 武汉科技大学学报（社会科学版）. 2012（05）.

王世强 . 社会企业在全球兴起的理论解释及比较分析［J］. 南京航空航天大学学报（社会科学版）. 2012（03）.

王世强 . 社会企业的官方定义及其认定标准［J］. 社团管理研究 . 2012（06）

王闻婧.论大数据时代的心理学研究变革［J］.中外企业家.2018（07）.

王兴尚.企业信任与社会资本［J］.唐都学刊.2017（05）.

王雅娟.再论德鲁克的企业目的观——从利润最大化到社会责任的应然嬗变［J］.学理论.2010（15）.

王亚勇.我国企业使命研究述评［J］.对外经贸.2012（08）.

王英.企业目的新假说［J］.经济学家.1995（06）.

王永明.论儒家思想对企业家精神的影响［J］.哈尔滨学院学报.2009（05）.

王玉生,梁燕.德鲁克论组织的社会意义［J］.江西科技师范学院学报.2007（04）.

王真.方法论视野下消解人与自然关系的悖论［J］.濮阳职业技术学院学报.2009（03）.

王真.构建生态文明必须由错误方法论走向科学方法论［J］.太原师范学院学报（社会科学版）.2009（04）_.

韦庆旺,郑全全,俞国良.权力、社会动机和问责对谈判知觉、行为和结果的影响［J］.应用心理学.2010（01）.

吴家曦,赵仁春.承担社会责任_企业家的崇高使命［J］.浙江经济.

2007（12）.

伍俊斌. 论公民社会理论的源头 [J]. 理论界. 2011（08）.

项国鹏，徐立宏. 高成长企业的成长驱动因素 _ 国外文献评介及分析框架构建 [J]. 科技进步与对策. 2010（23）.

肖红军，胡叶琳，许英杰. 企业社会责任能力成熟度评价——以中国上市公司为例 [J]. 经济管理. 2015（02）.

肖建忠，唐艳艳. 社会企业的企业家精神 _ 创业动机与策略 [J]. 华东经济管理. 2010（04）.

谢卫华，刘朝臣. 中小企业创新理论与模式研究综述 [J]. 科技广场. 2014（01）.

徐大建，赵永冰. 企业的目的 [J]. 中州学刊. 1997（03）.

徐晋，骆建艳. 社会企业家刍议 [J]. 现代经济（现代物业下半月刊）. 2008（07）.

徐晋，骆建艳. 浅论企业家精神和中小企业集群的关系 [J]. 现代经济（现代物业下半月刊）. 2008（09）.

薛小荣. 企业信任及其发展途径探析 [J]. 理论导刊. 2006（08）.

闫丽菲. 天人相分与天人合———论中西文化观的差异 [J]. 语文学刊.

2004（11）.

闫永琴. 当前价值形成和价值分配的关系解读［J］. 商业时代. 2008（20）.

严维佳. 社会企业家的内涵与界定：基于社会创新的视角［J］. 西北大学学报（哲学社会科学版）. 2013（05）.

杨杜. 中国企业家之"道"［J］. 东方企业文化. 2011（07）.

杨冯玲，徐鹏飞. 中国企业家成长与成长环境的关系研究综述［J］. 中国集体经济. 2014（09）..

杨帆. 社会企业促进公民社会发展的制约因素及对策研究［J］. 商. 2014（01）.

杨光. 中西方动机思想的多维探究与运用［J］. 西南政法大学学报. 2004（02）.

杨继东，刘诚. 企业微观波动及其对宏观政策的含义——以中国上市公司为例［J］. 经济理论与经济管理. 2015（03）.

杨蔓，刘红，刘万兆. 创业团队企业家精神研究评述［J］. 中外企业家. 2016（13）.

杨娜. 社会企业发展中的公益问题探讨［J］. 学理论. 2015（22）.

杨文进，柳杨青. 生态经济学建设的若干设想——边缘交叉经济学科建设的一般方法论探讨［J］.中国地质大学学报（社会科学版）.2012（02）.

杨雅恬.通识教育课程建设中企业家精神的传递——以《中外企业家精神发展比较史》课程建设为例［J］.文化创新比较研究.2019（12）.

杨依依.企业社会价值创造与企业可持续发展［J］.经济师.2007（09）.

杨宇，郑垂勇."社会企业家精神"概念评述［J］.生产力研究.2007（21）.

杨云，冯建民，李必强.现代企业集团组织模式探讨［J］.决策借鉴.1998（06）

杨智，刘新燕，向兵，万后芬.市场导向研究综述［J］.科研管理.2005（03）.

杨忠旺，向君，许超，张亚超.小议基于社会企业的环保组织模式［J］.价值工程.2012（22）

姚先国，朱海就.企业的契约理论与能力理论比较［J］.学术月刊.2003（02）.

叶晓霞.企业理念个案集锦［J］.中国核工业.2003（04）.

于欣宁，陈汉辉.企业社会责任实践与企业社会资本互动关系实证研究［J］.东南大学学报（哲学社会科学版）.2012（S3）.

余光胜.企业创新理论演进及进一步研究取向［J］.中国管理科学.

2013（S2）.

鱼建光.现代企业制度中的企业、企业目的与企业家精神——访著名经济学家、北京大学胡代光教授［J］.新金融.1995（04）.

原毅军，耿殿贺.中外企业联盟中本土企业价值创造能力的实证研究［J］.大连理工大学学报（社会科学版）.2010（01）.

詹宇国.人类中心主义与天人合一［J］.中国社会科学院研究生院学报.1997（06）.

张爱军.公民社会生成机制探析［J］.行政论坛.2012（06）.

张海夫.公民社会的生成与公民身份的变迁［J］.云南社会科学.2008（S1）.

张佳良，刘彧彧，林博.组织二元性的理论评述与未来研究展望［J］.经济管理.2015（08）.

张建卫，刘玉新，张丽红.企业家道德人格的内涵解析与作用机制［J］.北京理工大学学报（社会科学版）.2011（02）.

张军果，张燕红，甄杰.社会企业_内涵、欧美发展经验及其启示［J］.企业经济.2015（04）.

张俊峰.20世纪90年代关于"天人合一"的讨论状况及其内涵分析［J］.天府新论.2004（02）.

张俊峰.从"天人合一"观的不同解读看中国古代哲学的特质［J］.兰州学刊.2004（02）.

张丽娟.多元能力＿社会正义的人性尊严表达——纳斯鲍姆正义的能力理论探究及对正义难题的回应［J］.科学经济社会.2018（02）.

张骎.分歧与梳理＿社会企业概念的再审视［J］.湖北经济学院学报.2018（05）.

张乃和.现代公民社会的起源［J］.吉林大学社会科学学报.2006（06）.

张晓娟，童泽林.企业家声誉：理论机制、测量模型与研究展望［J］.科技进步与对策.2012（24）.

张晓娟，童泽林.社会企业家的内涵及其合法性机制［J］.中国商贸.2012（14）.

张晓萌.国外社会企业发展动态［J］.中国党政干部论坛.2016（05）.

张雪娇，张雪姝.大数据时代企业管理模式创新研究［J］.企业改革与管理.2019（07）.

张永丽."天人相分"与"天人合一"——中西文化精神之比较［J］.浙江万里学院学报.2005（04）.

张玉琴.企业家精神研究——基于国企与民营、中外企业家精神的对比分析［J］.沿海企业与科技.2017（05）.

张志伟."天人合一"与"天人相分"——中西哲学比较研究中的一个误区[J].哲学动态.1995(07).

张志雄,殷焱.中西哲学比较中的有效区域——从"天人合一"和"天人相分"谈起[J].南通纺织职业技术学院学报.2007(01).

招锜昕.企业家的概念界定[J].当代经济.2013(08)

郑也夫.信任_溯源与定义[J].北京社会科学.1999(04).

周洪,李维维.公民社会的崛起在构建和谐社会进程中的作用[J].理论观察.2008(04).

周洁.微观经济学博弈论角度下企业管理行为的探讨[J].山西农经.2016(16).

周梁,张明.企业使命的概念解读[J].经济师.2008(05).

周梁.企业社会责任的范畴及层次辨析[J].前沿.2012(16).

周晓唯,杨静.企业公信力与企业社会责任研究[J].石河子大学学报(哲学社会科学版).2013(05).

周旭.企业家形成机理研究[J].理论导刊.2001(03).

周延风,罗文恩.国外非营利组织市场导向研究综述[J].外国经济与管理.2007(05).

周治伟.公信力的概念辨析[J].攀登.2007(01).

朱健刚.社会企业在当代中国的阶段定位与价值取向[J].社会科学辑刊.2018(02).

朱汐.Shokay_社会企业也时尚[J].中国企业家.2012(Z1).

朱晓鹏.论西方现代生态伦理学的"东方转向"[J].社会科学.2006(03).

朱英.近代中国商人义利观的发展演变[J].开放时代.2000(11).

朱永明.企业社会责任履行能力成熟度研究[J].郑州大学学报(哲学社会科学版).2009(06).

祖良荣,陆华良.社会企业家精神——一个管理学研究前沿[J].南京财经大学学报.2011(04).

祖密密,赵玲.公民社会思潮应对理路探究[J].思想教育研究.2017(11).

祖密密."公民社会"思潮及其理论和实践误区[J].探索.2018(02).

王梓木.追求社会价值是新时代企业家精神的特征[J].中国中小企业.2018(04).

王梓木.培养新时代的企业家精神[J].现代企业文化(上旬).2018(07).

王梓木.论保险公司价值成长与公司治理——以华泰保险为例［J］.上海保险.2018（07）.

王梓木.有信仰的成长［J］.21世纪商业评论.2009（04）.

王梓木.企业家要有企业家精神［J］.现代企业文化.2010（05）.

王梓木.坚持科学的发展观　在创新中做大做强［J］.中国金融.2004（10）.

王梓木.创新是保险业发展灵魂［J］.中国金融家.2004（06）.

王梓木.公司治理结构与CEO[J].中国金融.2002（11）.

王梓木.如何看待中国未来十年的保险业［J］.发现.1997（04）.

王梓木,黄志强,沈健,顾建党,刘瑞旗,傅文阁,李玉卿,黄清海."过冬"7人谈［J］.中外企业文化.2009（02）.

王梓木.公司合作文化［M］.第1版.北京：中信出版集团，2017.

姜岚昕.社会企业家的七个角色［M］.第1版.北京：中华工商联合出版社.2014.

IDRIS A ，SRI RAHAYU HIJRAH HATI. Corporate Credibility，Religion and Customer Support Intention toward Social Enterprises ［M］.IntechOpen：2016-04-13.

MANGIALARDO A, MICELLI E. The Role of the Social Entrepreneur in Bottom-up Enhancement of Italian Public Real-Estate Properties [M]. Springer International Publishing: 2018-06-19.

HELENE BALSLEV CLAUSEN. Social Entrepreneurship and Tourism Development in Mexico: A Case Study of North American Social Entrepreneurs in a Mexican Town [M].Springer International Publishing: 2017-06-15.

LINDNER J. Entrepreneurship Education [M]. Springer Fachmedien Wiesbaden: 2018-05-16.

PORTALES L. Characteristics of the Social Entrepreneur [M]. Springer International Publishing: 2019-04-24.

GORDON M. So You Want to be a Social Entrepreneur? [M]. Taylor and Francis: 2019-07-29.

CHALUPNICEK P. Social Entrepreneurship, Conscience, and the Common Good [M]. Springer International Publishing: 2019-04-24.

ADDERLEY S. Is It a Bird? The Social Entrepreneurial Superhero: Fact or Fiction? [M]. Springer International Publishing: 2019-02-22.

RAGOZINO S. Navigating Neo-liberal Urbanism in the UK. Could a Social Entrepreneur Be Considered an Activist Planner? [M]. Springer International Publishing: 2018-05-19.

YING Z, HONG L, David A. Ness, Ke Xing, Kris Schneider, Seung-Hee Lee, Jing Ge. Rural Community Development and the Role of Social Entrepreneurs [M]. Springer International Publishing: 2015-06-15.

FOMINA Y, CHAHINE T. Social Entrepreneurship Factors of Success and Failure in the Omsk Region of Russia [M]. Springer International Publishing: 2019-04-12.